稻盛哲学 与年轻人谈

[日] 高 岩——著

周征文——译

人民东方出版传媒
People's Oriental Publishing & Media

东方出版社
The Oriental Press

图书在版编目（CIP）数据

与年轻人谈稻盛哲学 / (日) 高岩 著；周征文 译. —北京：东方出版社，2017.6
ISBN 978-7-5060-9795-6

Ⅰ.①与… Ⅱ.①高… ②周… Ⅲ.①稻盛和夫(Kazuo, Inamori 1932–)—企业管理—经验—青年读物 Ⅳ.①F279.313.3–49

中国版本图书馆CIP数据核字（2017）第128347号

本书中文简体字版权由北京汉和文化传播有限公司代理
中文简体字版专有权属东方出版社
著作权合同登记号 图字：01–2016–7400号

与年轻人谈稻盛哲学
（YU NIANQINGREN TAN DAOSHENG ZHEXUE）

作　　者：[日]高　岩
译　　者：周征文
责任编辑：贺　方
出　　版：东方出版社
发　　行：人民东方出版传媒有限公司
地　　址：北京市东城区东四十条113号
邮　　编：100007
印　　刷：北京市大兴县新魏印刷厂
版　　次：2017年8月第1版
印　　次：2017年8月第1次印刷
印　　数：1—8000册
开　　本：880毫米×1230毫米　1/32
印　　张：6.75
字　　数：117千字
书　　号：ISBN 978-7-5060-9795-6
定　　价：32.00元
发行电话：（010）85924663　85924644　85924641

目录
Contents

序 言

　　稻盛和夫先生（1932 年～　　）的"活法"和"想法"是否能够引起年轻人的共鸣？是否能够被他们所理解？或许有人会说，一个人通过自身体验而得出的所谓"哲学思想"，至多是"一个人的成功故事"。但在我看来，稻盛先生的思想结晶和实践收获完全超越了"个人体验"的范围，已然成为一种对人类社会带来巨大影响的"社会哲学"。本书的主旨便在于向各位读者阐述笔者的心得。

　　由于被稻盛先生的"活法"和"想法"所吸引，我开始研究稻盛哲学，并在 30 多年前发表了题为《企业家的信念体系与组织的急速成长——京都陶瓷株式会社分析谈》的有奖征集论文。非常幸运的是，我的论文不但获得了早稻田大学商学研究系的高度评价，还拿了优秀奖。这也成为我从事专业学术研究的起点。

之后，我涉猎广泛，对决策论、企业伦理、社会哲学、企业社会责任等领域都有所研究。2006年，承蒙日置弘一郎教授的厚爱，从次年4月至2014年3月，我以客座教授的身份，负责"京都大学京瓷经营哲学企业公益讲座"，共计7个年头。在知天命之年，我又回归至研究的"原点"——稻盛哲学，可谓机缘使然。

在负责企业公益讲座的7年间，我更加深入地了解稻盛先生的思想，并且有幸亲身感受到他为了重振JAL（日本航空）的满腔热忱，这也点燃了我研究和写作的激情。仅从该意义层面来讲，我必须衷心感谢稻盛先生。在我看来，能有幸负责京都大学的企业公益讲座，这本身就是冥冥之中的安排。

本书内容是稻盛先生的社会哲学，但并没有采取常规哲学书籍的行文方式。因为我想在保证理论性和逻辑性的同时，又避免让文章变得晦涩难懂。我尤其希望让现在的年轻人能够理解和接受他的哲学思想。所以本书虽然是对稻盛哲学的解释说明，但却采用了"高中生课堂"的情景设定，并以讲课现场的形式阐述内容。

本书中会屡次出现我与女子高中生的对话，其实这只是一种让内容显得活泼易懂的手段，希望读者予以理解。至于为何会采取这种设定，缘于我在某所高中女校的授课经历。倘若没有这段经历，该书恐怕也不会写成。鉴于此，我必须感谢该校负责学生志愿填报咨询工作的老师们，是他们给了我宝贵的教学机会，而且一教就是好几年。

此外，我在大学里创办了研讨会，为了让本书内容进一步浅显易懂，研讨会成员大竹雅彦（他是第二期研讨会的会长，现已毕业）向我提了许多细致且宝贵的意见和建议。在临近毕业时，我竭力提议他从事学术研究工作，不过他最后还是进了民营企业。虽然我心存遗憾，但由于执笔此书的契机，让我与他能够久别重逢、交流讨论，实乃幸事。我期待他能在自己的职业舞台上创造更辉煌的成绩。

但正所谓过犹不及，倘若对"易懂"和"易读"过于执着，便难以传达稻盛哲学的内含。为了避免这种偏差，我还求助于京瓷经营研究部的木谷重幸先生，数次将原稿寄给他过目。他直率的批评指正让我受益匪浅，在此向他表示谢意。

2014年春，在完成京都大学企业公益讲座的任务后，我便萌生了写这本书的想法。我对京都大学给予的执教机会十分珍惜，但在负责讲座的第三年（2009年），我担任了教籍所在校（丽泽大学）的系主任，于是便无法抽出大量时间来研究稻盛哲学。也正因为如此，我完成本书的意愿就变得愈发强烈，到了2014

年年末，我给稻盛先生写了一封信，内容如下：

"讲座结束后，我按照自己的理解与心得，对稻盛哲学的意义进行了思考和研究。为了让年轻人也能懂得稻盛哲学，我对相应的理论和方法进行了反复的探索和尝试，为了验证相关成果，我萌生了写一本书的想法。通过该书，我非常希望让更多的读者理解稻盛哲学、实践稻盛哲学，该读者群不仅仅是商务人士，还包括高中生和大学生等。作为从事了30多年企业伦理研究工作的人，我觉得这是我义不容辞的使命。"

凡成事者，天时地利人和缺一不可，倘若没有各界人士的支持，即便我有心执笔，恐怕也很难成书和出版。从该意义层面上讲，我还应该衷心感谢《日经 Ecology》杂志的总编田中太郎先生。他对我的原稿的第一印象是"非常有意思"，并且对我说："明明是阐述稻盛哲学的书，却有女高中生登场，这种'跨界混搭'很吸引人。"在我看来，他真诚的评价是本书得以出版的重要因素。我们可谓故交，缘于该书的原稿，时隔12年后，我们得以再次相逢，让我不得不感激命运的安排。

2015 年 11 月

高岩

引 言

过去几年里，有一所高中女校聘我为特别讲师，讲课内容主要围绕经济、社会、经营和哲学。每次给新班级学生讲课，我都会先问她们"将来想从事什么工作"。这已经成为一种惯例，可去年，我在一个新班级提出该问题时，学生们却不怎么积极回答。

上课之前，负责学生志愿填报咨询工作的老师对我说："大部分学生都想当空姐。"因此我原以为学生们会如此作答，可实际上却是一片寂静。

于是我单刀直入："听说不少同学想当空姐。"

听我这么一说，坐在最前排的一名学生小心翼翼地开口道："想是想，可我身高不够。"

她的话成了引线，一下子点燃了教室先前过于沉静的气氛，学生们开始七嘴八舌地讨论起来，有的说："是啊是啊，可是考试好难的。"

的确，在日本经济繁荣和泡沫尚未破灭的时候，空姐可谓是女性的首选职业。可如今已是 21 世纪，我自作聪明地以为女性的就业意识会发生转变，可没想到成为空姐依然是女高中生的憧憬。

于是我进一步问她们："航空公司不止一家，同学们希望在哪家工作呢？"

结果不少学生异口同声地说"JAL（日本航空），JAL。"

我故意问："不是还有 ANA（全日空）吗？"可她们还是说："中意 JAL。"

我又问："为什么呢？"她们答道："说不清理由，但就是喜欢 JAL。"

"我知道了，大家喜欢去 JAL 当空姐。可那家公司在数年前曾经濒临破产，而且 ANA 也是一家不错的航空公司哦。"即便我如此"逆向引导"，她们还是对 JAL"一往情深"。

说到这里，我觉得可以切题了，便问道："那么，大家知道稻盛和夫这个人吗？"结果全班学生几乎都说不知道。这让我心生些许遗憾，至于为何感到遗憾，不是靠简单的三言两语就能向她们说明的。

我沉默片刻，然后笑着"恐吓"她们："想进 JAL 的人居然不知道稻盛先生是何人，这可不得了，将来搞不好没有入职资格哦。"

稻盛和夫先生的事迹

稻盛和夫先生是京瓷及第二电电（如今的 KDDI）两大企业的创始人，现任京瓷及日本航空（JAL）的名誉董事长，是日本企业家的代表。其思想结晶及实践成果已经升华为一种"经营哲学"和"人生哲学"，受到了许多人的赞同和支持。为了拯救濒临破产的 JAL，2010 年 2 月，他在不领取一分薪酬的情况下，接手了 JAL 的管理工作，并且在短短两年零八个月的时间内，就使公司重新上市。

"让 JAL 浴火重生，这是多么了不起的伟业，我在此就不赘述了，但有一点希望同学们明白，大企业一旦倒闭，将会导致大批员工失业，从而对整个社会产生消极影响。所以，那些因此利益受损的人试图通过《企业重建法》，向法院申请破产保护，从而让公司再次获得生机。

"但仅凭《企业重建法》是无法让公司重建的。从 1962 年算起，试图通过该法律重整旗鼓的公司共计 138 家，其中约有半数，共 59 家公司重建失败，从此消失在人们的视野中。重建已经非常困难，而重新上市更是难上加难。

"上市，是指一个公司的股票能够在证券交易所发行和交易。而一度破产的公司要想重新上市，可谓难于上青天。在刚才讲到的 138 家公司中，成功重新上市的仅有 9 家，而且其中最快的也花了 7 年时间，可稻盛先生却在两年零八个月的时间内完成了这几乎不可能的任务。"

通过这番说明，学生们大致了解了稻盛先生的过人之处。于是我开始切入关键问题——稻盛先生是如何重建 JAL 的。

"JAL 之所以能够浴火重生，在破产当年的 6 月至 7 月发生的一件事，可谓起到了重要作用。那段时间内，稻盛先生举办了高管研修会，对象是 52 名 JAL 的领导干部。据说，有些干部起初对研修抱有抵触情绪，但稻盛先生相信，如果不进行研修，便无法重振 JAL，因此力排众议、毅然坚持。当时他身体状况并不是很好，但仍然通过真挚的话语，向全员强调'优秀思维方式'的重要性。

"起初，研修现场的一些干部表现出不以为然的态度，他们认为'这种大道理，不用说也知道'。可随着讲座的展开，他们逐渐被稻盛先生的箴言金句所吸引，最后，全员都懂得了一个道理，即'仅仅脑中明白'与'实际付诸实践'是完全不同的。"

人类观念的背景——两种社会哲学

不过，"好的思维方式"为何会关乎商业活动的成功，对此难以理解的人必定依然存在。不纠正思维方式却获得事业成功的大有人在，只要有革命性的创意、付诸实行的能力、热情和资质，基本都能成事。但如果想持续成功，或许思维方式很重要。但许多人在心中还是存有怀疑，有的人甚至对"思维方式"这个词本能地抵触。这是因为日本在战后一直采用"轻视思维方式"的教育体系。

如果要列举对现代社会产生巨大影响的社会哲学，我首先就会想到"自由至上主义"和"社会自由主义"。自由至上主义的宗旨是"把一切交给市场"，认为"市场会让每个人的努力获得应有的回报"。与之相对，社会自由主义则认为"如果把一切交给市场，正义便无法伸张"。这两种社会哲学流派可谓水火不容，而我们日本人在战后的教育体系中，一直在不知不觉地反复接触这两种社会哲学。

值得玩味的是，虽然两种哲学思想完全相反，但究其根源，就会发现两者的出发点其实一致，这便是"自由"。"不应该把自己的思维方式强加给别人"，"虽然说不出理由，但认为每个人都有决定自己人生观和价值观的自由"……受两者的影响，战后出生的日本人一旦听到诸如"好的思维方式很重要"之类的话，就会下意识地产生抗拒。

但"好的思维方式"真的是"洪水猛兽"吗？稻盛先生在对 JAL 干部进行培训时，头篇讲的是"计算人生·工作结果的方程式"。当参加研修的干部们听到"'思维方式'是方程式中最重要的一项"时，简直是茅塞顿开、醍醐灌顶。

破产之前的 JAL 人才储备丰富，不少干部和年轻员工充满干劲。换言之，该企业一直具备商业活动中至关重要的"能力"与"热情"。不仅如此，不少员工对于自身能力颇有自信。

因此，即便企业如将倾之大厦摇摇欲坠，他们却依然不断要求公司管理层表彰自己的能力和贡献、支付与之相称的报酬。不仅如此，他们还组成了各种工会联盟，有飞行员工会、乘务人员工会、修理技师工会、地勤人员工会等。这些工会竞相向企业高管施加压力，要求改善自身的薪酬待遇和劳动条件。为了解决该困局，数任领导一次又一次地调整经营方针和计划，努力重振企业。然而，一切尝试都以失败而告终。

最后，JAL 只能靠外部力量实现重建了，于是日本政府、自民党和民主党人开始督促 JAL 进行彻底的改革，但正如大家所料，政府、政党和政治家中，没有一个人主张"将好的思维方式付诸实践"。他们能做的，无非就是反复修改重建计划中的具体目标和数字。

换言之，重建计划沦为一种反复讨论具体数字的作业，包括裁员多少人、精简多少架油耗过高的飞机、购买多少架中小型客机、取消多少条低利润的航线、如何降低带息负债的规模等。说得刺耳一点，这完全就是"站着说话不腰疼"的讨论。

结果，JAL由于庞大的债务而走上破产之路。而只有稻盛先生一人强调"好的思维方式"的重要性，并亲自出马，给予了JAL新的生命。至于"方程式"具体为何物，我将在第一章进行具体讲解。大家目前只要明白一点即可——思维方式的正确与否，将在很大程度上左右结果。上述的两种社会哲学完全排斥"思维方式"这一因子，但正是该因子彻底改变了JAL这一庞大组织的命运。所以说，我们应该直面该事实，把稻盛哲学视为一种社会哲学，并虔诚地进行学习。

当然，已经有许多企业与经济界人士注意到了JAL浴火重生的深远意义，并开始着手学习和研究稻盛先生的"经营哲学"和"人生哲学"。但他的思想博大精深，绝不仅仅是一种"经营·人生哲学"，其不但弥补了西方自由至上主义和社会自由主义的局限，还给予我们超越上述两者的全新启示。

虽然可能会引起JAL员工的不快，但我仍然想强调，JAL的破产与重生是百年不遇的历史事件，是一次极为宝贵的"社会实验"。作为这段历史的见证者，我试图通过本书来触及稻盛社会哲学的核心部分，探寻"思维方式"为何如此重要。

本书中的师生对话

阐述对稻盛哲学的理解，并为被称为"末法时期"的现代社会指明新方向，这便是本书的目的所在。而且，我还希望本书的受众不限于企业家和经济界人士，还包括年轻一代。

我想把年轻人作为本书的重点读者对象，因此剑走偏锋，在内容中大量引入老师与女高中生的对话。前面已经提到，之所以采用这种行文风格，是因为东京市内的一所高中女校曾聘我担任讲师。我教授的是特别课程，而且一教就是好几年。开课的班级是校内的重点尖子班，班里都是有留学经验的高三生，班级人数一般在 30 人左右。

对我而言，教大学生可谓家常便饭，自然拥有丰富经验，也懂得不少要诀。至于教高中生，而且还是喜欢英语的女高中生，情况就完全不同了。起初，我是想拒绝的，因为各种不确定因素让我烦恼非常——"能否让她们理解稻盛先生的思想结晶和实践成果"；"倘若讲得过于生硬死板，就会让课堂变得死气沉沉"……但转而又想，如果能通过授课了解到当代女高中生的情感和想法，也是莫大的收获，于是最终还是接了这个差事。或许是自以为是的幻觉，但我现在的确对年轻人的情感和想法有所了解。

　　鉴于上述理由，本书的核心内容是老师与高中生的对话。但由于实际授课时间较短，充其量只有60到90分钟，其篇幅根本无法成书。为了让文字量足以成书并出版，就必须补充对话内容。于是我一边想象，一边补充，比如，"为了迎合她们的情感和想法，我应该用这种方式解释"，"如此解释之后，她们的反应应该是这样的"……之所以这么做，也是为了尽量减少年轻人在阅读本书时的排斥感。在进入第一章之前，我希望对此提前说明。

第一章

社会哲学中的功利主义

说到稻盛先生的思想结晶和实践成果，人们一般会想到他的经营哲学或人生哲学。但本书特意选取不同的角度，着眼于"社会哲学"层面进行分析。原因如下：

首先，稻盛先生的思想中包含了社会哲学的理论，或许之前从未有人指出这点，但他的哲学的确涉及了社会哲学的领域。我之所以聚焦于社会层面，主要是因为其思想对于社会哲学的贡献和意义。此外，在我看来，要想让年轻一代接受稻盛哲学，最有效的方式是从社会问题切入，这能够让他们更容易理解。

以女高中生为例，她们几乎不可能有运营公司的经验，且人生经历也不过短短十几年。如果讲企业经营和人生哲学，她们只能是一头雾水。即便谈稻盛哲学的本质，也只会沦为流于表面的大道理，无法引起她们的共鸣。因此，在讲解稻盛哲学时，我决定联系高中生必修的公民课，结合课里涉及的社会、伦理、政治、经济等主题。

一、何为"计算人生·工作结果的方程式"

那么，凭什么说稻盛先生的思想结晶和实践成果已经到达了"社会哲学"的境界了呢？其精髓就是他所主张的"计算人生·工作结果的方程式"。由于名字太长，姑且先把"人生"去掉，暂时称其为"计算工作结果的方程式"。

至于该方程式中的"工作结果"，其含义较为丰富，姑且先将其理解为人们通过工作所得的"生活资料"。具体来说，生活资料可能是完成某项工作而得的报酬，也可能是通过个人交易而得的物资，也可能是他人给予的信用。

不管形式如何，不管是物质还是非物质，总而言之，生活资料是帮助人们生存下去的要素。严格来说，这与稻盛先生自己的定义有所不同，但姑且将工作结果与生活资料等同起来。于是乎，便可以将"计算工作结果的方程式"理解为"在社会中分配生活资料时，应遵循何种原理"。

人生·工作结果＝思维方式 × 热情 × 能力

在展开说明之前，我先详细讲解一下稻盛先生提出的"工作结果的方程式"，方程式如上所示。

按照稻盛先生的说法，热情和能力的数值范围分别为 1 ~ 100，这里姑且将数值范围简化为 1 ~ 10。其中的"能力"是指才能、适应性、身体特征以及后天习得的技能和知识等。人们往往认为能力越高越好，但他认为工作结果并不仅仅取决于能力，而是"热情"与"能力"相乘的数值。

那么，何为"热情"呢？它是指一种坚韧不拔的意志，即寻找工作意义，积极埋头努力，永不放弃，坚持到底。稻盛先生强调，哪怕一个人的能力值为 10，如果热情值只有 2，那么其乘积也就 20 而已；反之，如果一个人的能力值只有 6，但热情值为 10，即百分百地认真努力，那么其乘积则高达 60。

该方程式的最大特征是第三个变量——"思维方式"，它与"热情"和"能力"相乘，就得出了工作结果。有意思的是，"热情"和"能力"的数值范围皆为 1 ~ 10，而"思维方式"的范围却是 −10 ~ +10。

负数和正数的范围设定体现了思维方式的性质——"好"和"坏"。如果以"坏的思维方式"指导行动，那么即便"热情 × 能力"的数值为 60，工作结果最终也会变成负数；反之，按照该方程式的计算，即便一个人的能力较低（假设数值为 6），但拥有"强烈的热情"（假设数值为 10）和"好的思维方式"（假设数值为 +5），那结果就是 +300。

至于该方程式是否有说服力，我将在第五章之后进行阐述。在此，我想强调的是其与"理想社会论"的一致性。换言之，该方程式触及了社会哲学的核心。不仅如此，它所衍生出的新哲学体系能够弥补西方两大社会哲学流派的不足之处，进而可能对整个社会哲学系统起到拨乱反正的重大作用。

二、何为"社会哲学的涉猎范围"

如果要举出三个与社会哲学相关的课题，你会想到什么呢？在聘请我授课的高中女校里，我对班级上的学生提出了一系列问题，试图借此来和学生们一起思考课题。

"大家想生活在怎样的社会中呢？"

学生们的回答大同小异——"和平的社会，稳定的社会，有幸福感的社会"。

"那这种社会不可或缺的是什么呢？"

对于这个问题，学生们的回答五花八门，但其中的主流意见是"自由""公正""富足"。换言之，首先要保障人们的自由，然后实现人们认可的正义（公正），进而让人们感受到富足（消除贫困），便是理想的社会了。

其实，这正是社会哲学一直在研究的课题——为了让每位社会成员获得幸福感，究竟不可缺少哪些因素。而学生们的答案则是"自由、正义和富足"。

倘若追本溯源，早在古希腊时代，柏拉图和亚里士多德就提出过相关的思想和哲学，但如果仅指对现代社会带来巨大影响的社会哲学，则可以追溯至欧洲的中世纪末。

三、中世纪之终与论战之始

中世纪末期的欧洲人开始尝试探索新思想。中世纪欧洲的国家制度为封建性质，国王、领主和教皇是社会的统治阶级，他们引导臣民、庶民和信徒该如何生活。老百姓该如何侍奉主子，该从事何种职业，该采取何种生活方式，完全取决于统治者的命令或制度化的传统、风俗和教义。

按照现在的说法，当时的普通民众几乎没有自由。尤其是被统治阶级，他们无法依照自身意志取消与统治阶级之间的"支配与服从关系"。从该意义层面上说，中世纪完全是个没有自由的黑暗时代。可许多老百姓却并没有激烈抵抗命令、传统、风俗和教义。因为不少民众渐渐形成了一种默契——如果大家都遵守命令，社会秩序就能形成。

班级里的学生都有留学经验，英语底子应该不错，为了激发她们的兴趣，我说道："听说大家英语都很好，那么我来问问，'命令'与英语里的哪个单词对应呢？"

于是她们立刻回答道"Order"。"不愧都是留过学的啊。"在对她们表扬一番后，我接着问道，"那么，Order 做名词时，如何翻译成日语呢？"

"订购""下单""命令""顺序"……她们七嘴八舌地回答。"没错，大家答得很好。不过似乎漏掉了一个，大家再想想，还有什么？"然后一名学生答道："是'秩序'吗？"

"命令"（Order）这个词，既可做动词，也可做名词，当做名词时，其包含"秩序"之意。同一个单词的不同词义之间为何会有如此大的差距？这是因为当时的人下意识地认为"有了命令，才有秩序"。换言之，他们当时相信，统治阶级的命令（Order）使社会充满秩序（Order）。

在中世纪的欧洲，这种思想根深蒂固，但在经历了文艺复兴（Renaissance）时期后，欧洲人迎来了大航海时代，此时的固有社会秩序已经开始松动。尤其是中世纪末期的宗教改革逐渐削弱了天主教会的势力，打破了先前"政教合一"的制度；再加上17世纪后爆发的一系列平民革命，不但使封建体制土崩瓦解，最终甚至把国王送上了绞刑台。曾经位于社会金字塔顶端的王权阶级却被斩首，这标志着民众亲手终结了在中世纪欧洲形成的固有秩序。

那么，否定了中世纪的封建制度，打破了原有秩序，就万事大吉了吗？当然不可能。人们既然要在社会中生活，新的秩序就不可或缺。因此，在砸碎旧世界后，人们开始认真讨论一系列问题，比如"究竟应该构建怎样的社会""应该建立怎样的新秩序"等。换言之，随着中世纪的结束，人们开始思考和讨论"何为理想之社会"。

当时的新思潮认为，人生来自由，神灵为了在凡间显现意志，特意将自由赐予每个人。因此，自由乃天赋人权，是神之恩赐。但如果仅仅强调个体的自由，就会导致每个人都以自我为中心，从而使社会陷入混乱。

照此下去，社会就会形成"弱肉强食"的法则，从而导致弱者的自由再次被强者剥夺。此外，强者之间也会不断争斗，从而导致双方都损失大量人命和财产，而这绝非理想的社会形态。

为了避免这种情况产生，每个民众都必须暂时放弃属于自身的一部分自由，这部分自由即"统治权"，当时有不少的有识之士认为，民众应该选出代理人，从而委托其行使自身的"统治权"。以英国哲学家托马斯·霍布斯（Thomas Hobbes，1588～1679）和约翰·洛克（John Locke，1632～1704）为代表的学者们便基于该思想，提出了著名的"社会契约论"。

另一方面，研究道德哲学的学者们也开始百家争鸣、各抒己见。他们认为，"理性"与"同感"是人与生俱来的特质。对他人做某件事，是会取悦对方，还是会伤害对方，在付诸行动前，正常人都能够推测对方的反应。同理，正常人也能够做到换位思考，设身处地地判断自己该做什么，不该做什么。

被誉为"经济学之父"的亚当·斯密（Adam Smith，1723～1790）便是这一思想的代表人物。他认为，这一切都是神赐予人类的能力，神通过人们的这种能力，促使社会形成秩序。换言之，我们这个娑婆世界中，自然法则无处不在。因此，人们只要消除杂念，按照自身的理性和道德做判断，一切便可迎刃而解。

四、功利主义登场

"大家在公民课上应该学过霍布斯、洛克和斯密等哲学家的主张和思想。而他们所研究的课题其实殊途同归，即'如何能够建立新的社会秩序'。

"但对普通民众而言，他们的观点实在过于晦涩难懂。结果，一种更为简单明了、易于接受的思潮在社会中广泛传播。这种思维方式将一些民众行为合理化，因此十分贴合大众心理。

"关于这种思维方式，想必大家早已有所耳闻。从社会哲学的层面上讲，它就是所谓的'功利主义'。其强调了人们趋利避害的合理性，即人们有追求自身幸福的权利，有远离痛苦、迫害的权利。当然，附加条件是不损害他人的自由，但与附加条件相比，人们更中意该思想的核心部分。即追求幸福是符合伦理的，是天经地义的。

"我还想强调一点，关于幸福的定义，这种功利主义持开放态度，即每个人都可以各自决定何谓幸福。换言之，'何谓正确'已经不再是教会、传统或风俗能决定的概念。仅凭这点，就足以让普通民众对功利主义拍手称赞。"

于是，功利主义成了近代标志性的社会哲学思想。人人都有权争取幸福、远离不幸，至于何谓幸福，人们各自决定即可。遵循该思想的生活方式和社会体系被认为是"符合伦理的"。

那么，按照该社会哲学思想，国家及政府必须推进的"理想政策"即"让国民更加幸福"。假设每位国民的满意度都能够量化，那么能够使其合计数值最大化的，便是最受国民欢迎的理想政策。这种思维方式类似于英国哲学家、法学家杰里米·边沁（Jeremy Bentham，1748 ~ 1832）提出的"最大多数人的最大幸福"之理念。

然而，深受普通民众赞同的"最大多数人的最大幸福"也存在巨大破绽。一些批判者指出，该理念并不能单独作为构成社会的原理。为了让学生们理解该破绽究竟是什么，我给她们举了下面这组例子。

五、功利主义的破绽

"假设这所学校去年开展了一次以学生为对象的调查活动，内容是关于校园生活的满意度。假设满分是 300 分，而调查结果为 100 分。由于分数较低，校方决定今年在校内新开一家自助食堂，供学生自由用餐。结果，今年的满意度调查分数为 200 分。大家是否会由此认为，新开一家自助食堂是正确的呢？"

对于该问题，大家一致表示是"正确"的。既然综合满意度从 100 分至 200 分，那势必没人对新开的食堂抱有异议。用功利主义的话来说，因为大大提升了学生们的满意度，所以新开食堂的做法在伦理上是正确的。

通过这样的提问，获得了学生们情感上的认同，于是我更进一步，向她们提出了一个脱离现实的怪问题。在我看来，这个荒诞的例子最易于使她们理解何为"伦理问题"。

"那么，假设校方突然出台了一个奇怪的规定。要求随机选出一名学生，并把她关在校舍的某个房间里，囚禁时间为一年，其间只允许她吃饭、排泄和睡觉，除了这些最基本的生理需求外，剥夺她的其他一切自由。"

"啊?！学校干吗要这么做啊?""讨厌!""简直没天理!"……教室里顿时炸开了锅。

学生们出乎意料的"过激"反应让我忍俊不禁，我安抚道："这只是个假设而已，大家别激动，接着听我讲完。"

"当然，被囚禁的那名学生会受苦，但与之相对，余下学生的合计满意度数值居然高达 270 分，比刚才的 200 分还要高。大家会因此赞成校方囚禁学生的做法吗？"

对此，班上没有一名学生表示赞成，大家都投了反对票。即便这能使整体满意度上升，她们依然表示"无法接受"。其最直接的理由是"被选中的人太可怜了"，当然，其中势必有学生想到了问题的关键——被选中的可能是自己。

总而言之，虽然无法明确掌握每名学生拒绝的理由，但她们的直觉告诉她们"这是无法接受的"。她们的这种反应揭示了功利主义的理论局限。换言之，功利主义包含着一条冷酷无情的原则——只要能够提升没被选中的学生们（多数派）的满意度，即便牺牲被选中的学生（少数派）的利益也无所谓。可见，功利主义只看重整体的幸福（社会福利），至于在社会（例子中为学校）内如何分配幸福，则并未做出诠释。

这正是功利主义的死穴所在。当然，我并不打算对它全盘否定，因为功利主义其实深入我们的骨髓，几乎是我们每天都在使用的方法论。

为了确认这点，我举了另一个例子，以便对功利主义的性质做出总结。

"大家在购物时，势必会采用这样的方法论。不管是买衣服、买零食，还是买演唱会门票，一旦涉及花钱，大家肯定会将支出的钱财（不满足度）与通过支出所得的满足度相比较，满足度减去不满足度后，所得数值最大的东西，便是自己要买的东西。

"并非只有普通人在购物时会使用该方法论，企业家、政治家都会这样思考问题并做出判断。比如，企业高管在讨论是否要新建工厂时，就会把建厂成本和将来的收益进行比较，一旦认定收益更高，便会拍板开工。这也是基于功利主义的思维方式。

"由此可见，我们几乎每天每时每刻、在各种情况下、以不同的程度使用着功利主义的方法论，因此我们无法全面否定它。但大家要记住一点，它是一种有缺陷的思想。"

第一一章

弥补功利主义局限性的自由至上主义

到了近代，人类社会早已摆脱蒙昧，哲学家们自然发现了功利主义的缺陷，于是主张"既然功利主义有其自身的局限性，那就必须予以拨乱反正。"这催生了关于新思想的大讨论，而新思想中的先锋便是"自由至上主义"。

我再强调一下，功利主义的局限在于"以牺牲少数派的自由为代价，提升整个组织的满意度"。因此，如果有一种新的社会哲学能够弥补其局限，那它不仅要考虑多数派的自由和利益，也要考虑少数派的自由和利益。此外，它还必须明确阐释社会资源和财富（幸福感和满意度）的分配问题。而自由至上主义则以简单明了的理论，阐明了上述问题。

一、自由至上主义的理论内容

"大家可能不太关心自由至上主义是谁提出的，但我在此姑且列举两位支持该理论的代表人物，一位是经济哲学家弗里德里希·海耶克（Friedrich Hayek，1899～1992），另一位是政治哲学家罗伯特·诺齐克（Robert Nozick，1938～2002）。关于他们两位主张的理论体系，我在此不做详细说明，而仅介绍他们理论上的共通点。

　　"他们理论的核心内容很简单，即反对国家和政府的不必要干预，认为只要把社会成员的生活和商业活动交给'市场'便可。所谓'市场'，是指买卖商品和服务的场所。比如大家平时买东西的便利店，便是市场的一部分；而大家支付了学费，在这里接受教育服务，因此学校也是市场的一部分。

　　"自由至上主义排斥政府的介入，主张把一切交给市场。市场没有少数派或多数派的概念，大家本着自愿的原则，彼此交换钱财、物品或服务，因此可以保障每个人的'自由'。想买就买，想卖就卖，这种自由是平等的，它属于每个人。

　　"此外，自由至上主义还有一个关键的思想，那就是'由市场主持正义'。其认为，只要把一切交给市场，'正义'便可得到伸张。前面提到过，功利主义没有涉及幸福的分配方式，其强调的'最大多数人的最大幸福'只关心幸福总量的提升。与之相对，自由至上主义则认为，只要政府不胡乱插手，每个人的努力都能得到相应的回报，从而在社会中实现'合理分配'，这被称为'分配的正义'，可能有点儿难以理解，大家姑且先记住这个概念。

　　"那么，在大家看来，当今社会是否实现了这样的正义呢？每个人的努力是否都能获得合理的评价和回报呢？"对于该问题，学生们毫不犹豫地回答："是的。"

"大家为什么这么认为呢?"我进一步问道。

对此,学生们的回答各式各样,有人说:"我看到周围有这样的实例。"有人说:"正因为一分耕耘一分收获,运动员们才会努力训练啊。"……反正都是有感而发,非常真诚。

"大家说得没错,比如知名的网球运动员诺瓦克·乔科维奇(Novak Djokovic)和锦织圭,他们一直努力拼搏,如今成了世界顶级网球选手,可以说是得到了回报。"在说这番话的同时,我感到一丝欣慰,没想到如今的高中生还能保持如此纯真。

二、自由至上主义不同于自由放任思想

为了避免大家陷入理解的误区,我首先想强调一点——自由至上主义并不主张"自由放任(laissez-faire)"。换言之,诸如"只要政府不横加干涉就万事大吉""大家自说自话就行"之类的思想并不属于自由至上主义的范畴。

另一方面,自由放任思想主张"只考虑自身利益",认为"只要自由行动,努力就必定能够获得回报。"因此,该思想曾一度成为企业家的幌子,他们把"自由放任"的内涵和外延按照对自己有利的方向解释,从而使自己的为所欲为合理化。

例如,与同行暗中勾结,抬高商品价格;为了减少竞争对

手，设置行业准入门槛；收买政府高官或监管机构负责人，从而取得相关资质……他们把这些行径美化为"自由的经济活动"。

如果这种机会主义在社会中渗透，就会打破"一分耕耘一分收获"的原理原则。比如，某个运动员把行贿视为"自由"，向裁判或比赛对手赠送财物，其结果会导致认真拼搏的运动员无法获得公正的评判，无法获得应有的成绩。因此，自由至上主义还肩负着一项重大使命，即纠正机会主义所曲解的"自由"概念。

"所以说，自由至上主义并非反对政府的一切措施。相反，其明确提出了政府应履行的职责范围。其中，净化市场环境、促进自由竞争和彻底杜绝垄断尤为重要。在自由至上主义看来，这是政府应发挥的关键作用。

"倘若政府能够切实履行上述职责，市场秩序便能得到维护，人们便能自由地追求自身利益。换言之，一旦确保了公正中立的评判制度，所有人便会在遵守游戏规则的前提下认真努力。最终，不管是少数派还是多数派，其努力都能获得应有的回报。

"这种'自由''正义''公正'的社会氛围一旦形成，人们自然就会愈发拼命努力，社会生产力大大提高，使更好、更多、更便宜的商品得以在市场上流通。换言之，社会就变得富足了。

"我讲了这么多有关自由、正义、公正和富足的概念，现在请大家回想一下，在本堂课的开头，我问过大家'想在怎样的社会中生活'，大家是怎么回答的呢?

"如果我没记错的话，大家当时的回答是'和平的社会''稳定的社会'和'有幸福感的社会'，接着我问大家'这种社会不可或缺的是什么'。然后大家提出了各种必要条件，而说'自由''公正'和'富足'的最多，是这样吧。"

说到这里，学生们明白了我的意思，纷纷感叹"原来如此""没想到是这样的"……

自由至上主义有三个核心概念，即："保护所有人的'自由'""伸张普世性的'正义'""实现社会的'富足'"。至此，她们明白了，对于理想社会模型的上述思考，催生了"自由至上主义"这一哲学思想。

三、自由至上主义的方程式

我们已经知道，自由至上主义是功利主义的改良形态，它为了修正后者较为原始和极端的思想，提出了政府应尽的职责所在，即："把交易活动交给市场""只要遵循市场原则，人们的能力和努力就能够得到相应的回报""政府必须彻底消除妨碍自由竞争的各种因素"。

然而，如果按照稻盛哲学的理念，自由至上主义与功利主义一样，两者都未提出"何为正确的价值观"。因为这两种哲学思想都反对灌输特定的价值观，认为这"有悖于自由精神"。

那么，让我们梳理一下自由至上主义的一系列特征，借用一下之前提到的"计算工作结果的方程式"，就可以得出这样的等式：

工作结果＝热情 × 能力

前提条件： ①国家或政府只征收维持国防和治安等社会机能的最低税额
②国家或政府必须彻底消除妨碍自由竞争的各种因素

简单来说，自由至上主义认为，工作结果只取决于一个人的热情和能力。比方说，一个人的能力值为 7，热情值为 2，即"有能力没干劲"，在这种情况下，其在社会中的个人所得则为两者的乘积，即 14。

再让我们举个反例，假设另一个人的能力值只有 4，但热情值很高，姑且算作 9，在这种情况下，其在社会中的个人所得则为 36。虽然有点过于简化，但这的确是自由至上主义所主张的"计算工作结果的方程式"。虽然方程式中附有前提条件，但核心思想非常明确——只要每个人都能自由发挥各自的能力和热情，市场便会"伸张正义"，实现"一分耕耘一分收获"。

我把自由至上主义的方程式写在黑板上，然后问她们："之前大家已经接触过了稻盛先生的'计算工作结果的方程式'，和我现在写在黑板上的方程式相比，两者的区别在哪里？"我故意先提出这种简单的问题，以做铺垫。

一名学生回答："黑板上的少了'思维方式'。"

还有学生主动提出观点："我认为应该把'思维方式'放进去。"

对此，我回应道："（这位同学的意思）就是说稻盛先生的方程式更合理，对吧。很好！其他同学也这么想吗？"

对于我的问题，班上学生几乎都默不作声，于是我进一步确认道："这么看来，自由至上主义在咱们班不吃香呢。"

我这么一说，总算有个学生怯生生地举手回答道："我认为，'思维方式'可以不加。"

"不错，有意思的见解。这位同学勇于发表不同意见，这点非常好。那么，能否告诉大家，你为什么这么想呢？"

于是乎，她答道："我也说不上来，只是感觉思维方式这东西很难界定好与坏，因为好像每个人都有不同的评判标准……"

"原来如此，这位同学的意见提得太到位了。不少自由至上主义者其实也是这么想的，他们担心，如果每个人的评判基准各不相同，社会就会缺乏普世价值。既然思维方式缺乏普世性，就不能作为决定工作结果的变量。

"那么，为了让评判基准具备普世性，要不让某个人强制决定一种'好的思维方式'？是好是坏，让社会中的特定人物评判，这样如何？"

对此，学生们反应激烈——"这种社会就没自由了。""社会正义可能会被扭曲。""搞不好连富足都没了。"……

她们的反应与自由至上主义的观点如出一辙——如果特定的人物或组织拥有决定"思维方式好坏"的权力，那么该人物或组织的权力就会无限膨胀。换言之，价值观的决定权一旦落入少数人之手，民众就会遭受独裁统治，进而损害社会的自由和正义。回顾历史，一些曾经的极左国家便是如此，所以自由至上主义不把"思维方式"作为方程式中的变量。

四、基于自由意志的交易行为

我们已经知道，自由至上主义认为，只要实现"基于自由意志的交易行为"，人们的努力便能在市场活动中获得应有的回报，从而做到"公平分配"，消除贫困，最终实现"自由""正义"和"富足"三位一体的和谐局面。但事实真的如此吗？我们需要进一步分析。

"同学们，自由至上主义把'基于自由意志的交易行为'作为前提，但大家是不是觉得这种说法存在误差呢？在市场中进行交易的人，难道真的全都基于自由意志吗？"

对于我的提问，她们默不作声。或许她们真的非常想化，以为社会中的所有交易行为都是基于自由意志的。于是我又说道："要想真正实现基于自由意志的交易行为，交易双方就必须处于对等的立场。反之，如果某一方处于强势，就能够趁势胁迫弱势一方；而对弱势一方而言，出于形势所迫，就不得不答应对方不合理的要求。很显然，这样的交易绝对不是基于自由意志的。"

当然，从社会层面来看，这种不对等的交易只占极少数，并不具备普遍性。尤其是中世纪末期、近代社会初期，当时的商业行为都是个体行为，有的人织布、编地毯；有的人做面包、种蔬菜；然后大家自由地进行交换和买卖。在那样的情况下，交易双方几乎都是立场对等的。

但随着商业的发展，市场交易者渐渐出现了实力差距，一部分人日渐富裕，一部分人日渐贫困。资产持有者开始投资，公司规模逐渐扩张，而被雇用方则成了弱势群体。结果导致弱势一方不得不全盘接受强势一方开出的条件，即便心存不满。

当今日本拥有诸如《劳动基准法》等完善的法律法规，能够保障劳动者的权益，这使得企业员工的地位有了很大提高。但即便如此，"员工"这一概念却在发生变化。如今，企业员工被分为两类，即"正式工"和"合同工"。

"想必大家也有所耳闻，'入职易，转正难'已成为日本现在的职场现象。而交易资源也存在不平衡，富裕家庭的孩子可以去提高班或者请家教，而贫困家庭则负担不起。其结果导致两极分化加剧，即家里越有钱，孩子考上名校和进入名企的几率就越高。

"我不清楚同学们的家庭状况，但既然都能去外国留学，证明家庭给予的教育环境非常不错。刚才我提到'基于自由意志的交易行为'时，大家没有表示异议，或许也是因为大家家境殷实、生活富足的缘故吧。当然，这都是揣测，但我相信自己不会完全猜错。"

处于劣势的社会成员被称为"弱势群体"，他们为了生存，即使是不合理的条件，即使是无法接受的提案，也会甘愿照单全收。倘若只有一个选择，那他们更加无法拒绝。在这种情况下，自由至上主义所构想的"纯粹对等立场"便成了空中楼阁。

法国经济学家托马斯·皮凯蒂（Thomas Piketty，1971～）指出，从长期来看，全世界的贫富差距在不断拉大。他引用了过去300年的数据，来证明这一观点。假设皮凯蒂先生的理论是正确的，即差距在不断拉大，那么可以认为，弱势群体在社会中一直"缺乏自由"。

社会一旦出现两极分化，就难以实现"绝大多数人的正义"。少数人拥有财富的社会，最终只能走向土崩瓦解。回顾人类历史，就能知道这是真实不虚的道理。此外，倘若社会朝着这样的方向发展，自由至上主义所承诺的"自由""正义"和"富足"便无法兑现。

五、只以成败论英雄的社会

说到自由至上主义，其实还有一个巨大的破绽，那便是对其方程式的曲解。前面已经提到，按照自由至上主义的方程式，工作结果 = 热情 × 能力。它是该理论所提倡的理想社会形态，需要警惕的是，社会优势群体可能会利用该方程式，强调弱势群体形成的原因是"缺乏能力和热情"。

"努力和热情的确非常重要，但请大家想象一下，对于遭受不幸者，如果人们都以'自作自受'而一言蔽之，这还是一个宜居的社会吗？大家愿意生活在这种冷酷的社会里吗？

"我想说的是，社会也好，人生也罢，其中存在着太多的偶然和变数。不管多么认真努力，多么积极乐观，突然发生的变故也会使一切化为泡影。举个不恰当的例子，大家的父母也可能在空难等事故中突然离世，这些不幸并非由自身引起，但如果旁人把这种不可抗力也归咎于'缺乏能力''不够努力'或'缺乏热情'，那当事者势必会抓狂。这便是自由至上主义的另一个破绽。"

但我既不想全盘否定自由至上主义，也不想全盘否定功利主义。基于市场经济的商业活动，使现代人的生活变得富足。仅凭这点，谁也不能完全抹杀这两种哲学思想的价值。另一方面，我们也必须留意自由至上主义的两大破绽，即"对交易双方立场的理想化"及"催生弱肉强食的丛林社会"。

第二二章 凯恩斯眼中的理想社会

前面已经讲到，自由至上主义并非完美无缺的哲学思想，其破绽的根源在于"缺乏对社会弱者的关怀"。要想消除其局限性，就必须运用本章将阐述的"社会自由主义"。纵观人类历史中的哲学家，社会自由主义的拥趸不在少数，也导致其流派众多、内容复杂，但思想的核心部分基本一致。

具体来说，即："不能把一切都交给市场""政府或国家应该发挥调控作用""政府或国家应该采取必要措施，努力消除不平等，让全体人民都过上有文化、有尊严的生活"。

一、社会自由主义的方程式

我已经介绍过稻盛先生的"计算工作结果的方程式"，还在前一章节借用该方程式的原理，推导出了自由至上主义的方程式。在本章及下一章节，我将介绍社会自由主义中的代表性思想，为了先让大家有一个大致的概念，我依然借用稻盛先生的方程式原理，对社会自由主义的特征进行归纳整理。

"简单粗暴"地说，社会自由主义认为，每个人的"热情 × 能力"的结果不该独享。换言之，政府应把握社会个体的努力成果，并通过征税和再分配来实现社会福利。

"想必大家也有所了解，国家或政府在征税时，其税率往往根据个人所得数额的增加而提高，这就是所谓的'累进税'。简单来说，一个人赚得越多，就得缴越多的所得税；一个人继承得越多，就得缴越多的遗产税。

"而这些上缴国库的税金，又会根据国民利益或社会整体福利等原则，进行再分配。所谓再分配，即以补助、援助、支援等形式，由政府发给国民、市民。这对弱势群体和贫困阶层尤为重要，对前者，政府往往会提供就业劳动和接受教育的机会；对后者，政府往往会给予最低生活保障等救济措施。

"我先解释一下何为'接受教育的机会'。同学们都是私立高中的学生，这里的学费应该比其他高中贵吧。所以说，如果家庭的收入条件不够，是很难在这里就读的。大家要感谢自己的父母，他们的付出超乎你们的想象，包括这里的学费，比你们想象的要高。可怜天下父母心，为了让自己孩子有一个更好的前途，他们在努力打拼。

"当然，即便家境不够殷实，只要像在座的各位这样优秀，校方也会提供奖学金。但奖学金不可能发给每名学生，否则学校是负担不起的，这也导致私立高中的学费总是居高不下。"

上面的那些话是我的铺垫。接着，我开始切入正题——"如果咱们国家只有这种学费昂贵的私立高中，那会变成什么样呢?"不等学生们回答,我便给出了答案。

"我直接说结论了,如果只有私立高中,很多人就不得不止步于初中学历。换言之,许多学生丧失了进一步深造的'教育机会',这当然与理想社会不符,因此政府或地方政府才会用税金来建设公立高中,让每个人都能享受教育服务。国家不断完善奖学金制度的初衷也在于此,即给予国民、市民平等的'教育机会'。"

说到这里,我估计她们已经大致了解了征税和再分配的意义,于是把"国家的征税和再分配行为"概括为"政府的调节机制",进而推导出了这样的方程式:

工作结果＝政府的调节机制 × 热情 × 能力

前提条件:①国家或政府必须根据个人所得与财富的不同,
采用不同的税率
②国家或政府必须提供劳动机会、教育机会和
福利救济
③国家或政府必须通过完善相关法令来保障社
会平等

需要注意的是,该方程式中依然没有加入"思维方式",这

正是社会自由主义与稻盛哲学的本质性差别。虽然上述方程式不够严谨，但姑且请先记在脑中。接下来，我会介绍两位具有代表性的社会自由主义者，让我们看一下他们的思想和主张。

二、凯恩斯的基本观点

第一位是英国的经济学家约翰·梅纳德·凯恩斯（John Maynard Keynes，1883～1946）。在介绍他的思想之前，为了避免误解，我先强调一点——凯恩斯并不否定自由竞争，他只是主张政府应该"在市场失灵时予以调控"。

因此，他并未直接呼吁政府"通过调节机制来接济弱势群体"，但如果分析其提出的"有效需求"原理，最终便会得出这样的结论——"如果不改善弱势群体的生活状况，经济发展势必会出现瓶颈。"从该意义层面看，凯恩斯的理论可以归入社会自由主义的范畴。

在凯恩斯之前，"自由放任思想"一直是社会哲学的主流。当时，即使大量工人失业，支持自由放任主义的经济学家们也依然保持乐观。他们认为"失业者算不上问题""政府不需要插手""供需关系一旦平衡，问题自然会解决"。换言之，他们坚信，只要把一切交给市场，经济迟早会恢复"均衡"。

可见，自由放任主义者盲目相信市场，在他们看来，企业之所以不再雇用工人，是由于企业家认为自己所支付的薪水过高。而随着大量工人失业，在市场指挥棒效应的作用下，劳动力价格便会下降。失业者为了再就业，也不得不接受这样的现实。于是，当工资水平降到某种程度时，企业就会重新考虑雇人，市场的自主调节至此完成。

基于上述思维，支持自由放任思想的经济学家们主张"失业问题会自动解决"。可事实并非如此，失业问题并非他们推断的所谓"暂时性不均衡"，反而成为日渐严重的社会顽疾。

为了解决该问题，凯恩斯从原点出发，进行体系化分析，最终得出了失业这一"社会慢性病"的症结所在，即："企业生产活动的活力降低""缺乏促进生产活动发展的需求刺激"。基于该思想，他主张扩大需求（即能够以货币量化的购买力），一旦需求充分，就能激活企业的生产活动，进而重新形成良性循环，最终解决失业问题。

在进一步展开之前，我先大致介绍一下国家经济的循环体系。

三、何为国家经济的循环

"说到经济问题，大家可能会觉得深奥难懂，但国家经济的循环体系其实非常贴近我们的生活，可谓无时无刻不在发生，因此很容易理解。"我先让她们放宽心，然后开始讲解凯恩斯主义中"国家经济循环"的理念。

"何为经济活动，简单来说，就是生产活动。企业一旦开展生产活动，工人一旦参与生产活动，就会产生两样东西。大家想一想，它们是什么？"没等她们反应过来，我又自问自答了。

"这两样东西就是'产品'和'所得'，打个比方，大家在一家工厂打零工。一方面，工厂会因此产出产品，另一方面，大家也能拿到报酬。这便是产品和所得，我先把它们写在黑板上。

"我们先讲产品，产品又可分为'投资类产品'和'消费类产品'。前者是企业在开展生产活动及扩大生产能力时需要购入的产品。比如工厂中的机床、工业机器人、生产流水线，以及建筑企业为了修建道路桥梁而购入的水泥、钢铁和建筑机械等。

"可能还是有点儿难理解，那我再说得直白一点，所谓'投资类产品'，就是普通消费者不会去买的产品，先记住这点就行了。同学们可以想一想，你们家里有用于焊接的机器人吗？你们家里会堆满袋装水泥吗？这种奇葩的事情不会有吧！道理很简单，因为它们不是普通消费者所需的产品。

"与之相对，'消费类产品'指的是普通消费者为了维持生活或提高生活质量而购入的产品。比如食品、服装、住房、汽车、空调、电视、手机、音响等，它们都属于消费类产品。"

讲到这里，我在黑板上做了相应的补充。

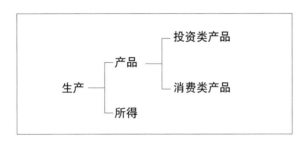

"再讲所得，和产品一样，也分为两类。即'消费'与'储蓄'，一个人的收入用途不外乎这两种。我们也可以将其称为'使用的部分'及'剩余的部分'。使用的部分即消费，剩余的部分即储蓄。人们一般会把剩余部分存在银行等金融机构中，因此这部分可以用'储蓄'来概括。但在经济学中，储蓄这个词更为广义，不管是存在金融机构还是自己留着，只要是剩余部分，都称为储蓄。换言之，储蓄是指'以备将来使用的剩余所得'。

"假设大家把零花钱存在银行，而银行并不会把大家给的钱锁到金库里，因为这样无法产生任何收益。银行的做法是把大家存的钱凑起来，借给企业等机构或团体，用于融资。

"那么，接受融资的企业，会将这笔钱做何用呢？当然不会就那样放着。通常，企业贷款的目的是为了扩充生产能力，从而创造更高的利润。

"刚才讲到，产品分两种，能够提升生产能力的产品是投资类产品，而并非消费类产品。由此可见，企业之所以借用资金，是为了购买机床、工业机器人和建筑机械等设备。

"反之，如果大家都不存钱，而是把零花钱全部用于购买消费类产品，那结果会如何？再夸张一点，假设全民都不储蓄，把所得全部用于消费。这会导致商品销量大增，于是各企业为了生产更多的消费类产品，便会一窝蜂地采购投资类产品。讲到这里，我想问大家一个问题，各家企业能够顺利完成采购吗？"

对于该问题，她们的推理很到位——"购买投资类产品需要资金，资金得向银行借了才有……"

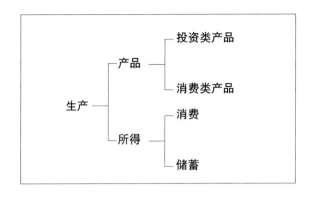

"没错，没错。可银行肯借吗？"我进一步引导她们。

"如果大家不储蓄，银行没钱，那么企业就无法融资。"一名学生率先答道。

"答得漂亮。那么，假设银行只有为数不多的钱，又会怎样呢？"我接着问道。

明明没有学过经济学，但她们的回答却出乎意料地到位——"融资条件会变得严苛。"

"这个回答也非常漂亮，大家提到的'融资条件'，简单来说，就是借款利息提高了。"我之所以如此解释，是为了让她们对利息的作用有个大致概念，即"利息能够调节融资程度和资金数量"。

"接下来的内容可能有点复杂，首先，让我们来弄清'储蓄'

在整体经济循环中发挥的作用。按照国家经济的循环图示，它充当的其实是'投资'的角色。"

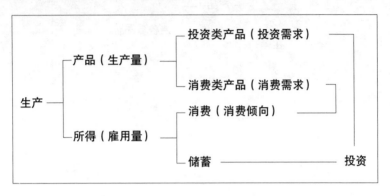

四、公共事业引起的协同效应

让我们一边看国家经济循环图，一边整理各要素之间的关系。显然，所得中的"消费"被用于购买消费类产品；所得中的"储蓄"则通过金融机构和企业之间的融资行为，被用于购买投资类产品。如果该循环顺利运转，不但经济会持续良性发展，每个环节中的相关个体也能够持续收获"所得"。

"但请大家想一想，该循环能够不断持续吗？事实并非如此。如果把一切都交给市场，该循环的某个节点往往会出问题。

"只有需求产生，投资类产品和消费类产品才能卖出去，然后企业才能持续生产和销售产品。然而，在各种因素的影响下，需求有时会萎缩。

"需求一旦减少，投资类产品和消费类产品自然会滞销。一旦滞销，企业势必会缩小生产规模，从而导致大量工人失业。对此，凯恩斯提出的对策是'由政府发展公共事业'，包括建水坝、修公路等基础设施建设。

"大家怎么看？光靠发展公共事业，能使经济走出低谷吗？能提升投资类产品和消费类产品的需求吗？可以确定的是，那些与基础设施建设直接相关的人，其收入自然会增加。但仅凭这点，就能拉动整个国家的经济吗？"

在提出这么多疑问后，我接着讲道："假设银行资金闲置（所谓闲置，即资金过剩，贷款的企业少，大部分钱贷不出去），于是国家向银行借钱，用于建设道路和桥梁等基础设施。国家的该举措首先使承接工程的 X 公司获得了直接利益，X 公司的员工也因此提高了收入。（见图 A）

国家的公共事业 ⇒ X 公司
　　　　　　　⇒ X 公司的员工

图 A

"从该图来看，让人觉得公共事业的作用有限。X 公司赚了钱，X 公司的员工涨了工资，仅此而已。然而，X 公司及其员工受到的影响，会像多米诺骨牌一样，不断波及其他企业和个人。大家可以一边学习经济循环图，一边听我讲解。

　　"第一种情况，X公司为了按期完工，把部分工程外包给了Y公司和Z公司；第二种情况，为了提升施工效率，X公司向Y公司和Z公司采购工具和机器等投资类产品。至于X公司的员工，由于个人所得提高，其购买力提升，于是开始释放先前被压抑的消费欲望。（见图B）

```
┌─────────────────────────────────────────────┐
│ 国家的公共事业 ⇒ X公司 ⇒ Y公司                │
│                        ⇒ Z公司                │
│              ➡ X公司的员工 ➡ 购买消费类产品    │
└─────────────────────────────────────────────┘
```

图B

```
┌─────────────────────────────────────────────┐
│ 国家的公共事业 ⇒ X公司 ⇒ Y公司                │
│                        ⇒ Z公司                │
│              ➡ X公司的员工 ➡ 购买消费类产品 ➡ S企业群 │
└─────────────────────────────────────────────┘
```

图C

　　"至此，新的循环开始了。让我们先从下方实心箭头部分讲起。由于X公司的员工购买了消费类产品，因此对生产相应产品的企业及员工产生了影响。我们姑且将这些消费类产品的生

产方统称为'S企业群'。由于产品开始畅销，S企业群为了提升生产效率，开始向其他企业采购投资类产品。（见图C）

"接下来，请看上方的空心箭头部分，我会予以详细说明。首先，把投资类产品卖给X公司的Y公司和Z公司在交易中获利，两家公司的员工收入也相应增加。然后，Y公司和Z公司为了自身发展，又会向其他公司（A公司、B公司、C公司、D公司、E公司、F公司）外包业务或采购投资类产品。（见图D）

```
国家的公共事业 ⇨ X公司 ⇨ Y公司 → A公司
                            ⇨ B公司
                            ⇨ C公司
                       ➡ Y公司的员工
                   ⇨ Z公司 ⇨ D公司
                            ⇨ E公司
                            ⇨ F公司
                       ➡ Z公司的员工
```

图D

"另一方面，Y公司和Z公司的员工由于个人所得增加，于是开始购买之前一直想要的各种消费类产品。至于其导致的结果，前文已经有所阐述，这里就不再重复，大家看图便可理解。（见图E）

国家的公共事业 ⇒ X 公司 ⇒ Y 公司 ⇒ A 公司
⇒ B 公司
⇒ C 公司
⇒ Y 公司的员工 ⇒ 购买消费类产品 ⇒ T 企业群
⇒ Z 公司 ⇒ D 公司
⇒ E 公司
⇒ F 公司
⇒ Z 公司的员工 ⇒ 购买消费类产品 ⇒ U 企业群

图 E

"讲到这里，想必大家已经明白，这是一个逐渐影响其他企业的过程。如图中的 A 公司、B 公司、C 公司、D 公司、E 公司、F 公司等。而相应企业的员工也会受到影响，最终扩大了整个国家的内需。这便是凯恩斯提出的'效果加成'所造成的连锁反应。"

五、消费倾向决定了经济走向

政府只要创造契机，便能影响到其他的经济主体，从而使整体经济回归自律轨道，如果过程顺利，经济便能恢复增长势头。这一过程也被称为"通过协同效应来刺激经济的策略"。为了让她们能够较为形象地理解该效果，也为了让她们明白该效果具有衰减性，我将其比喻为"扔在池塘中央的石子"。

"假设往池塘里扔一颗石子，石子就会'噗通'一声落入水中，水面则会泛起波纹。这种波纹是由内至外扩散的，如果水质清澈，激起的波纹可能有好几层，接着先后向岸边延伸。这便是凯恩斯所说的'协同效应'。

"请同学们思考一下另一种情况，假设池塘里有油污或生活污水，水质浑浊黏稠，那么结果会如何呢？假设池塘因此泛起泡沫，即便扔石子，波纹也无法大范围扩散。换言之，影响难以波及整个池塘。在这种情况下，要想激起大波纹，大家会怎么做呢？"

有的学生答道："扔大石头。"

"没错，石头越大，波纹就越大。声音亦是如此，如果是块大石头，那入水时的声响就不是'噗通'，而是'咣当'了。那假设池塘更脏呢？比如池塘里都是工业废水和淤泥沉淀，池水已经类似果冻，而且漂浮着大量垃圾，扔的石头如泥牛入海，根本激不起波纹了。"

前排的学生非常专注，立即说道："那再换更大的石头不就行了？"而这正是我所期待的回答。

"没错，在这种情况下，唯一的对策就是扔更大的石头。而政府在发展公共事业时，的确在采用与之类似的方式。起初，小规模的公共事业就能够取得较大的效果，但这招用多了之后，其效果也会逐渐衰减。

"这时，就像我刚才的假设一样，必须扩大公共事业的规模，否则便无法再取得成效。而且，这种公共事业的资金来源往往是国债之类的融资贷款，一旦扩大事业规模，政府的负债额也会水涨船高。纵观世界局势，不少发达国家的政府深陷债务泥潭，究其原因，便是在持续发展公共事业的过程中，扔的'石头'越来越大了。

"按照凯恩斯的理论，政府一旦刺激经济，经济便会恢复良性循环。但事实上，随着国民所得的增加，其'波纹'却会不断衰减。请大家想一想，这是为什么呢？"

对于该问题，她们似乎不知道该如何回答。于是我提示道："一个人的所得一旦增加，其消费额在总收入中所占的比例就会下降。"

我举例道："打个比方，大家去年的个人年收入为 400 万日元，每顿早饭都会吃一碗米饭。而今年，大家的个人年收入增至 1200 万日元，是去年的 3 倍。请问，大家每顿早饭会因此吃三碗米饭吗？可见，消费总额并不会根据个人所得而同比例增长，其所占比例反而会呈现缩小趋势。

"请大家记住，消费在个人所得中所占的比例被称为'消费倾向'。如果消费倾向的数值为 10/10，就说明个人所得全都用于了消费。反之，如果消费倾向降至 6/10，就说明六成的个人所得用于了消费，剩下的四成则以储蓄的形式留了下来。这涉及一个普遍性的社会经济规律，即经济的成熟会导致国民个人所得的增加，而个人所得的增加则会伴随消费倾向的总体下降。"

一旦消费倾向下降，接下来会发生什么呢？会对整体经济造成何种影响呢？简单来说，首先会导致消费类产品的销量低迷，不仅如此，既然商品卖不出去，企业就不需要扩充生产能力，这就导致投资类产品的销量下滑。换言之，低消费倾向不但会导致消费类产品的需求萎缩，还会导致投资类产品的需求萎缩。至此，我们就能知道，按照凯恩斯的理论，"消费倾向"是决定经济走向的关键因素。

六、结合日本社会思量政策

对于经济循环的原理，我已经做了较为详细的阐述。如果把该原理和凯恩斯的理论相结合，则可以得出这样的结论——"如果不改善社会弱势群体的生活状况，经济发展势必会遭遇瓶颈。"下面解释该结论的理由。

前面已经提到，消费倾向左右着经济走向。但即便关注国家整体的消费倾向，也无法得出使经济可持续发展的对策。经济越成熟，消费倾向就越低，有效需求就越少。这等于是一个无解的死循环。

为了打破这个死循环，让我们先以日本社会为例，思考政府该采取何种政策。首先，大家要知道，不同人群的消费倾向有所不同，在日本，根据消费倾向的不同，至少可以将国民分为两组，即"育儿群体"和"不育儿群体"。

通常来说，年轻群体，尤其是育儿群体的消费倾向较高，他们会把大部分收入用于消费，这便是"育儿群体"的特征。反之，"不育儿群体"是指那些儿女已经成年独立的人，他们的消费额只占收入的一小部分，究其原因，一方面是因为花费在子女身上的钱少了，另一方面则是因为养老的压力，为了安度晚年，他们往往会节约开支、储蓄钱财，这便是"不育儿群体"的特征。从时间线上来看，第一个群体会逐渐演变为第二个群体，而第二个群体的子女则会逐渐成为第一个群体。

此外，随着时间的推移，第二个群体终将迎来退休，成为靠退休金生活的群体。与工作时的薪金相比，其收入往往是减少了，这会导致其消费额占比变多，即消费倾向的提升，但消费支出的总额并未增加。反之，这群人为了晚年的幸福，除了医疗费之外，往往会削减其他开支，这便是退休人群的特征。但为了便于大家理解，姑且把这类人也归为第二个群体。

虽然这样的分类过于粗枝大叶，但希望读者能够理解两点。一、按照消费倾向，可以把日本人大致分为上述两个群体；二、两个群体之间在不断发生"个人所得的转移"。接下来，我会阐述这种"转移"的形式。

七、个人所得的转移形式

如今，不少大型日企都把提高"股东权益收益率"（ROE, Return on Equity）作为改善公司业绩的目标。所谓股东权益收益率，顾名思义，即创造更多利润，给予股东更多分红。姑且不管是因为各企业的努力还是政府的经济政策扶持，反正我们看到的现象是，大型日企的整体业绩的确在稳步增长。

"控制人力成本是改善业绩的一个常用对策。请大家思考一下，怎样才能有效降低人力成本呢？是削减每名员工的工资吗？显然不是。如今，日本企业的常规做法是精简正式员工，把大量工作交给非正式的合同工去做，因为后者更便宜。

"有一组比较惊人的数据。20 世纪 80 年代前半期，日企的非正式合同工只占员工总数的 15% 左右；而现在，该比例已增至 40% 左右。这些合同工包含各年龄段的人，但数量最多的还是年轻一代。刚才讲过，年轻人属于'消费倾向较高的人群'。

换言之，合同工成了社会的消费主力军，他们几乎会把所有工资用于购买消费类产品，但他们的个人所得绝对值较低，因此不足以带动整个社会的经济发展。

"与之相对，通过控制人力成本，企业的利润大幅提升。虽说这并非企业获利的唯一途径，但其贡献无疑是巨大的。问题在于，由此而得的大部分利润都落到了股东的口袋里。

"对于股东这个词，相信大家不会陌生。所谓股东，即拥有企业股份的人。根据所持股份的数额，股东有权任免企业高管和获取投资分红。而如今的日本政府居然也在这方面掺和，一会儿呼吁企业'增加股东的分红'，一会儿鼓励企业'将股东权益收益率提升至 8% 以上'。在我看来，政府没必要操这份心。

"言归正传，接着讲股东。股东还分两种，一种叫个人投资者，一种叫机构投资者。接下来的内容有点难，请大家认真听。先讲个人投资者，这些人往往属于富裕阶层，已经拥有一定数额的金融资产，生活质量也比较高。

"与之相对，所谓机构投资者，是指诸如涉及生命保险、意外保险、养老基金、信托银行等业务的金融机构。他们的客户便是资金提供方，客户们购买各种保险、缴纳公积金、把钱存入银行。大家可以把机构投资者看成是'中等收入人群的集合体'。而前面讲过，'不育儿群体'的可支配收入明显高于'育儿群体'，但前者的消费倾向较低。换言之，企业的大部分利润最终成了有闲钱投资但消费倾向低下的'不育儿群体'的所得。

"有数据显示，如今日本的个人金融资产总额高达 1640 兆日元，而其中六成属于 65 岁以上的高龄者。企业一旦决定回报股东，分红金就会以两种形式被分配：一种是直接给予个人投资者；另一种是经由金融机构，以利息等形式给予机构投资者的客户。不管哪种形式，其结果都是一样的，即大部分利益成了年龄较大的'不育儿群体'的个人所得。

"如果这群人拥有强烈的消费欲望，那么或许能刺激经济的总体增长。但正如前面讲到的，他们已经不用养育子女，而且在'安度晚年'的意识下，往往变得较为节约。换言之，他们是一群消费倾向低下的高收入者，因此无法带动消费。

"当然，一旦这群人去世，他们所拥有的 1600 多兆日元的金融资产终究会被下一代所继承。从这点来看，这些钱迟早会被用于消费。

"如何？大家同意这种观点吗？继承这笔钱的下一代会将其用于消费吗？"我向她们问道。

一名认真听讲的学生答道："既然是年轻人，那么就属于消费倾向较高的'育儿群体'，所以我同意这种观点。

"很好。一旦资产被消费倾向较高的人群所继承，他们自然会将其用于消费。但不要忘记一点，那就是平均寿命。现在日本的男女平均寿命均已突破 80 岁。

"对啊！怎么没想到这点。"不等我说明，那名学生就恍然大悟了。

"一个人一旦活过 80 岁，其子女一般也是 60 岁左右的准高龄者了。此时，即便继承了大量财产，也不太会花了。因为他们已然成为消费倾向低下的人群，为了'安度晚年'，开始节约了。"

总结一下上面讲的内容。

按照凯恩斯的"有效需求"原理，政府应该避免让大量所得转移给消费倾向较低的人群（如已经拥有一定资产的高龄者），而应该尽可能地将所得转移给消费倾向较高的人群，尤其是像非正式合同工那种年轻的弱势群体。当然，在推行相关政策时，应避免伤害全体国民的劳动积极性，但宗旨是唯一且明确的，即"将所得转移至弱势群体，从而扩大整体内需"。

为实现该计划，政府必须出台严格的法律法规，按阶梯征收个人所得税和遗产税。此外，还应该发展公共事业、提供就业机会和教育机会，并以奖学金、医疗保障和失业金等形式，来提升社会福利水平。要让这些政策和举措真正落地，就不能把一切都交给市场，而应该由政府负责，进行有计划的引导和调控。

这便是凯恩斯提出的"政府主导下的二次分配（调控行为）"。只要分析他的理论，几乎都会推导出这样的结论，这也是他被称为社会自由主义者的原因。

第四章

罗尔斯眼中的理想社会

工作结果＝政府的调节机制 × 热情 × 能力

前提条件：①国家或政府必须根据个人所得与财富的不同，采用不同
的税率

②国家或政府必须提供劳动机会、教育机会和福利救济

③国家或政府必须通过完善相关法令来保障社会平等

我再介绍一位与凯恩斯齐名的社会自由主义者——约翰·罗尔斯（John Rawls，1921～2002），他是美国著名的哲学家之一。与凯恩斯类似，他也提倡政府实施调节机制。换言之，他也是上述方程式的支持者。

但与凯恩斯不同，罗尔斯不主张根据现实问题构筑理论体系，在他看来，与其"头痛医头，脚痛医脚"，不如从更为本质的层面入手，于是提出了一个本源问题——"何为正义原理"。对于该问题，他试图尽量以中立、客观的方式解答。

一、罗尔斯的基本观点

究竟该怎么做，才能推导出所有人都支持的"普世性正义原理"呢？既然是普世性的，就必须人人支持、无一反对。倘

若只是多数派支持的正义，就不具备普世性，因为必然有少数派对此表示异议。这样看来，似乎根本无法导出所谓的"普世性正义原理"。

对此，罗尔斯的思考更深一步，他自问，为何总是有人反对呢？而他得出的答案是"关系与立场"。简单来说，每个人都只支持对自己有利的原理和规则。

这样的解释或许过于抽象，为了让学生们更容易理解，我举了一个与她们非常贴近的例子。

"打个比方，英语老师向同学们征求意见，问大家该如何评定综合成绩。老师非常尊重大家的想法，也真心想听听大家的心声，为了让每个学生都能够畅所欲言，所以采取'一对一'的方式面谈。此时，大家会发表怎样的意见呢？"

没等她们回答，我就自己给出了答案。

"想必大家的意见会五花八门，比如希望按照考勤评分、希望按照上课发言评分、希望不要分出三六九等、希望按照笔试成绩评分等，反正大家的意见是不可能一致的。请大家想一想，为什么会有这么多不同的意见呢？"

我又自己答道："原因很简单，虽然大家都是认真勤奋的好学生，但问到自己所希望的评分方式时，总是会下意识地提出对自己有利的意见。

"让我们来整理一下逻辑。希望按照考勤评分的人，往往是身体健康、从不缺勤的；希望按照上课发言评分的人，往往是口语优秀、开朗外向的；希望不要分出三六九等的人，往往是害怕英语、怯懦内向的；至于希望按照笔试成绩评分的人，则往往是单词量高、阅读能力强且精神容易集中的。

"换言之，在发表意见之前，大家都会有一个小算盘，即与他人相比，自己的优势是什么，劣势是什么。每个人都希望采用能使自身优势最大化的'游戏规则'。仅仅在班级这样的微型社会，每个人就都有各自的想法和打算。由此可见，要在整个社会范围内讨论正义原理并得出统一结论，简直是天方夜谭。"

二、用逆向思维推导正义原理

由于明白自身的优势和劣势，因此在发表关于财富分配、经济调节等意见时，每个人都只会支持对自己有利的"游戏规则"。对于这样的现实人性，罗尔斯采取逆向思维的方式，试图推导出普世性的原理。他的方法论是这样的，如果每个人完全不了解自身的优势和劣势，即在对自身情况一无所知的前提下，大家必然会得出同样的原理。

在与他人的关系中，完全不知道自己是否有利。罗尔斯把这种一无所知的状态称为"将自己置于无知之幕的背后"或"披上无知之幕"。在这种"无知之幕"下，每个个体都无从得知自己与他人的差异。严格来讲，即"假设个体对自身状况处于无知状态"。

"这么说可能有点难以理解，我再举个具体的例子。假设现在的日本社会是金字塔形的，在'无知之幕'下，每个社会个体都不知道自己在金字塔上所处的位置，既可能在顶端，也可能在中部，还可能在底层。但所谓'无知'，还不只限于这些信息。

"自己是男是女、是老是少；是何国籍；是佛教徒、基督教徒还是伊斯兰教徒；是勤奋之人还是懒惰之人；是否拥有才能、知识和财力；对此皆一无所知。换言之，每个人完全不知道自己与他人的差异之处。

"罗尔斯认为，如果先把自己置于这种假想的状况之下，再摸索正义原理，不管是他本人还是其他人，应该都能够推导出同样的原理。一旦这样的推导成功，其得出的原理便是具备普世性的正义原理。

"这点至关重要，因此我再举个例子来说明。假设一个人知道自己处于社会金字塔的顶端，那么他往往会反对接济弱势群体的政策；反之，假设他知道自己处于社会金字塔的底层，那么他势必会要求政府出台优待弱势群体的政策。

"可当一个人不知道自己所处的社会地位时，其又会推导出怎样的原理呢？出于避害趋利的人性本能，该原理势必不具备阶级性，不管自己在社会金字塔的顶端、中部还是底层，自身利益都不会受到损害。一旦这样的推导成功，其势必是具备普世性的原理。

"这便是罗尔斯理论的基础，大家怎么看？是不是觉得挺有意思的。他居然能想出如此高明的方法，很了不起吧。"说到这里，我有几分激动。

"那么，罗尔斯究竟用这套方法推导出了什么正义原理呢？说起这个，就更有意思了。"

三、何为"自由均等原理"

他所推导出的第一个原理名为"自由均等原理"。该原理的核心思想是"平等保障每个人的基本自由"。而其中的"基本自由"是指言论自由、集会自由、思想自由及身体自由（即身心皆不受压迫、暴力及伤害）、经商自由、所有权保障等。该思想认为，这些自由都是每个个体在社会生活中不可或缺的，因此又称其为"基础性自由"。

"大家希望自己的基本自由得到保障吗?"对于该问题,哪怕不披上无知之幕,她们的回答也是肯定的。

我进一步问道:"那假设让一部分人更多地享有基本自由呢? 比如男人多给点,女人少给点。"

班上都是女学生,自然是一片反对声,她们立刻答道:"这让人无法接受。"

"那如果倒过来呢? 减少男人的基本自由,增加女人的基本自由,大家意见如何?"

一些学生回答道:"这倒是可以。"

"大家现在的回答忽视了一个重要因素,那就是刚才讲到的无知之幕。再问大家一遍,如果大家不知道自己是男是女,那又会持何种意见呢?"

"对哦。原来要披着无知之幕思考的啊。"她们恍然大悟,于是改变了自己的意见——既然有无知之幕在,那男女应该平等享受基本自由。换言之,她们已经推导出了"自由均等原理"。

"大家的洞察力非比寻常啊! 居然不费吹灰之力地推导出了罗尔斯的第一原理。"我一边表扬她们,一边接着讲解。

在"平等保障基本自由"的宗旨下,个体的差异就会显现。譬如能力的高低、才能的多少、努力的有无等,在这些差异之下,人们的自由行动便会导致不同的结果。换言之,自由均等原理必然会造成社会的贫富差距。倘若认同这样的差距，社会自由主义便与自由至上主义趋同。

反之，倘若反对这种"结果的差距"，则会走上平均主义的极端。平均主义的弊病在于"不管努力与否，收获皆相同"。显而易见，这种绝对的平均主义会使社会全体成员丧失劳动积极性，最终导致社会无法实现富足。

"如果社会无法实现富足，那么处于社会底层的人就无法分得社会红利，所以绝对的平均主义是不可取的。因此，在无知之幕下，为了实现社会整体的繁荣富足，人们必然都会选择接受'一定程度的贫富差距'。

"但需要注意的是，这种贫富差距是适度的，而非无限度的。按照'自由均等原理'，每个人都有发挥自身能力和才干的自由，至于所得的相应成果（如财富等），则需要思考如何对其进行分配。"

如上所述，自由至上主义者认为，只要赋予每个人努力发挥自身能力和才干的自由，无须政府干预，社会自然会形成公平公正的分配原则。但在无知之幕下，该理论的破绽便显而易见——倘若个体知道自己位于社会金字塔的上层，自然会支持这种"一切交给市场"的自由至上主义，可一旦失去对自己所处社会地位的认知，即披上无知之幕后，每个人都会慎重看待分配问题。

四、何为"差距原理"

要想推导出普世性的正义原理，势必要把自己摆在社会的各个阶层，逐一进行推想。比如"社会顶层""社会中层"及"社会底层"。而无知之幕则更有效，因为一个人如果不知道自己所处的地位和状况，则往往会倾向于"做最坏的打算"。简单来说，这样的思维模式就是"哪怕自己处于最为不利的情况，也尽量不要蒙受损失"。换言之，披上无知之幕的人总是会把自己假设为社会最底层的民众，然后从该阶级立场出发，思考及推导一系列原理。罗尔斯认为，无知之幕会让每个人都拥有这种倾向，那事实究竟如何呢？

前面在讲解功利主义的缺陷时，我举了一个极端的例子——"假设学校随机选出一名学生，把她囚禁起来，大家是否会赞成？"对此，她们都表示反对。

按照功利主义的原理，她们应该赞成这种囚禁行为才对。因为在功利主义者看来，"牺牲一人，幸福大家"的做法是"合理的"。可她们却都投了反对票，究其原因，或许出于尊重人权的纯粹观念，但有一句话可能更加触动她们的神经，那就是"随机选择"。

换言之，她们完全不知道自己被选中的几率有多高，或许因为担心"被选中的可能是自己"，所以才投了反对票。回想当时的情景，当我提出这个极端的假设时，她们的第一反应是厌恶——"学校干吗要这么做？""不要啦！""莫名其妙啊！"……她们可能因为下意识地觉得不幸会降临到自己头上，所以才说出这样的话。

当然，这一切都是我的揣测，她们当时反对的理由究竟为何，除非一个个去问，否则无从得知。即便去问，她们也不见得会如实回答。但我可以确定一点，在披上无知之幕的前提下（即不知道自己被选中的几率的情况下），她们联想到了最坏的情况（自己被不幸选中），从而得出了结论。

假设罗尔斯的理论是正确的，那么人们在思考普世性的正义原理时，会推导出怎样的分配方案呢？对此，他推导出了"差距原理"。

"让我们来一起回顾他当时的推导过程吧。首先，如果每个个体能够发挥自身能力和才干，就能够获取相应的财富回报。刚才已经讲过，如果认为个人所得应该全部占为己有，那就与自由至上主义的理论趋同。

"一旦披上无知之幕，人们便不知道自己拥有多少能力和才干，也不知道自己所处的社会阶层，在这种情况下，人们往往会希望社会财富能够进行再分配，而非全部归私人所有；与此同时，人们还会反对绝对的平均主义，因为这对努力者有失公允。

"这就让我们必须思考一个关键问题，究竟在何种条件下，个体才能拥有自己创造的财富呢？不要忘了无知之幕，在该前提下，罗尔斯和大家一样，想到了最坏的情况，并试图避免遭受损失。最终，他推导出了条件。"

为了勾起她们的兴趣，我问道："大家猜猜是什么条件？"

"不知道。""太难了。""这样的条件存在吗？"……她们七嘴八舌地说道。看着她们冥思苦想的样子，我得意洋洋地开始讲解。

"如果个体的努力、能力和才干使社会最底层的人受益，那其相应的回报就该归其所有。反之，如果个体的创富行为没有使社会最底层的人受益，那么该行为便是值得商榷的。这便是他所提出的条件。"

五、村中的"公平分配"

对她们而言，这样的结论可能难以理解，所以我举了一个具体的例子。

"假设大家都生活在一个村子里。该村的村民都靠打猎来维持生计，农业生产则为零。此外，与普通村落不同，该村的村民完全不和左邻右舍打交道，大家只是住得近，但各自生活，交集为零。至于打猎技能，除了几个特别强的和几个特别弱的外，大部分村民都半斤八两。而大家由于披上了无知之幕，因此并不知道自己的打猎技能如何。

"让我们再假设一下，有一次村民外出打猎，几个打猎高手收获了大量猎物，而几个最不会打猎的则依然一无所获，并且已经几天没吃饭了。我问大家，打猎高手此时是否应当把捕获的猎物全部归为己有？"

对此，她们答道："（高手们）应该把猎物分给那些最不会打猎的人。"

我接着问道："大家为什么会这么想呢？要知道，村民之间没有任何交情。"

有意思的是，有的学生答道："抓的猎物太多，反正自己也吃不完。"

"那么以金钱来取代猎物这个例子。猎物会腐坏，金钱则可以保存。而且金钱作为货币，不但可以随时用于交换，还可以储蓄起来。如何？假设打猎高手获得的是大量金钱，大家还认为他们应该把钱财分给那些最不会打猎的贫困群体吗？"

班上一阵沉默，于是我再次强调道："别忘了，你们披上了无知之幕，不知道自己是否擅长打猎。在这种情况下，大家觉得怎么做才是合理的呢？"

这么一说，立刻有学生答道："既然这样，那我觉得还是应该把金钱分给穷苦的人。"

我见机追问道："那么，大家认为打猎高手是否应该倾其所有地救济别人呢？"

对此，她们答道："拿出小部分救济别人，剩下的可以归自己享用。"

"了不起！大家得出的结论与罗尔斯的'差距原理'并无二致。差距原理认为，每个个体都拥有发挥自身能力、获取（猎物）财富的自由，但如果要把获取的猎物（财富）据为己有，则必须满足一个条件。那就是'帮助村里最贫苦的人（改善社会最底层人群的生活状况）'。大家虽然在思考过程中走了一些弯路，但最终还是得出了有意义的结论。我很佩服。"

六、何为"机会均等原理"

通过无知之幕，还能推导出另一个原理。该原理能够避免社会阶层的固化，使每个个体都有上升的空间。罗尔斯称其为"机会均等原理"。为了让她们深入理解，我又开始提问。

"如果社会成员的权利和责任与其地位和职务挂钩，大家是否觉得合理呢？"

对此，一名学生答道："挂钩意味着差别对待，而且如果某种特定职业的人拥有特权，我总感觉不太对。"

另一名学生则发表了不同意见，她说："我认为权利和责任与工作性质和内容有关，所以理应存在差别。"

接着，其他学生也开始纷纷发言。

"地位不同，权利的确也不同。"

"在现实中，一些人的确比其他人更有权利。"

"全体职业者的权利和责任不可能相同。"

"大家的意见非常到位，个个都一针见血。我都已经不需要做任何补充了。"我一边表扬她们，一边继续讲解。

"我们已经讲过，在无知之幕之下，人们都希望社会繁荣富裕；对于个体的创富行为，如果其行动能够恩泽社会最底层人群，则应赋予其充分的自由。至于权利和责任的问题，就像刚才大家提出的意见一样，为了实现全社会高效的分工合作和生产运营，允许存在一定程度的权力和责任差别。换言之，为了实现社会的整体富足，这是一种妥协，也是一种智慧。"

"但也有同学认为差别和特权是不合理的。"说罢，我问她，"你为何会觉得不合理呢？我觉得你肯定有自己的理由，能说一下吗？"可她一脸犯难。

于是我"求助"于全班同学："这个问题确实很难，有同学能说出理由吗？说错了也没关系。"可班上依然一片沉默。对她们而言，这个问题也许太难了，看来还得我自己说明。

"那位同学之所以说'感觉不太对'，在我看来，她所担心的点并非地位及职务所导致的权力和责任的倾斜，而是任职者，或者说当权者自身的倾斜。换言之，她害怕这些人会蜕变为特权阶级，进而垄断某种地位和职务。"

我向她确认道："是这样吧。"虽然她有点踌躇，但还是点头同意了。

"既然如此，那么关键就在于赋予每个人平等的竞争机会和教育机会，让所有人都有机会学习所需知识和技能，都有机会拥有该地位和职务，对吧。"

换言之，在无知之幕之下，人们会得出这样的逻辑结论——第一，可以对某个地位和职务赋予特殊权利和责任；第二，面向社会全体成员，必须平等给予争取该地位和职务的权利。这里所说的"争取的权利"，包括参加入职考试的权利、接受所需教育的权利等。

一旦披上无知之幕，即在不知道自身社会地位的前提下，与阶级固化的社会相比，人们势必更欢迎流动强的社会，人们不但可以自由上下流动，还可以横向流动。此外，在无知之幕下，人们自然不欢迎那种根据个体性别、国籍、阶级、民族、宗教信仰等特征来决定地位和职务的社会。基于这样的理由，罗尔斯推导出了另一个正义原理——机会均等原理。

七、才能与资质的"偶然性"

我在前面一章和本章开头已经讲过"基于社会自由主义的方程式"。其特征是加入了名为"政府的调节机制"的变量。为何要加入这一变量呢？究其原因，是因为在社会自由主义者看来，每个个体所拥有的才能也好，资质也好，都属于"偶然性的产物"。

在罗尔斯的理论体系里，这一点也体现得淋漓尽致。在他看来，才能和资质属于偶然性的产物，基于差距原理，个体凭借其创造出的所得和财富自然不应该独享。而市场自身无法按照差距原理促进社会财富的共享和分配，唯有依靠政府的调节机制来实现。

为了让她们加深理解，我又问道："以体育界为例，有不少知名的网球、高尔夫球、篮球和棒球运动员，他们拥有常人所不具备的天赋。大家如何看待他们呢？认为他们是上天眷顾的幸运儿呢？还是觉得他们全靠父母遗传基因的恩惠呢？"

"才能和天赋或许是遗传的，但他们也付出了多于常人的努力。""我觉得不能用'幸运'或'偶然'来一言蔽之。"……她们的回答总体较为客观。

于是我接着讲道："那么，假设有一个人非常擅长打板羽球（译者注：板羽球，又称羽球，是日本的一种传统运动，两人以羽子板互相打击毽子，让毽子掉落的一方失败），其板羽球技术世界第一，可谓能力超群。可世界上对这项运动感兴趣的人非常少，因此这个人没法赚取大量金钱。

"而如果是网球运动，那情况可谓大相径庭。全世界喜欢网球的大有人在，各种赛事也是层出不穷。因此，技术高超的网球运动员则能够依靠自身能力实现名利双收。"

板羽球和网球的比喻似乎戳中了女高中生的笑点，班上发出了一阵笑声。于是我继续讲道："纵观历史长河，不少人拥有卓越才能，但真正被社会承认并创造出财富的，只能说是沧海一粟。换言之，一个人拥有何种才能、是否超乎常人，完全是偶然；而一个人出生在哪个时代、何种社会环境，也完全是偶然。还是以知名网球手锦织圭为例，大家想一想，倘若他生在战国时代的农民家庭，在那个时代、那个社会里，他精湛的击球技术会得到众人的承认和赞许吗？肯定不会。

　　"基于这样的思维，社会自由主义者认为，个体的才能和资质是偶然的产物，应作为社会的共同财产，并且应用于帮助社会底层群体。一旦披上无知之幕，任何人都能推导出类似的结论。这便是罗尔斯理论的核心部分。"

八、社会自由主义的问题所在

　　这样的理论似乎颇具说服力，但把个体的才能和资质单纯视为"偶然的产物"，明显有失公允。正如她们率直的感言——"运动员们也付出了多于常人的努力。""不能用'幸运'或'偶然'来一言蔽之。"

　　她们的意见非常合理和客观，个体的成功不仅靠先天的才能和资质，后天的努力和磨砺也是不可忽视的。倘若社会把一切结果都归结为"偶然的产物"，就会抹杀人们的主观能动性。

　　政治哲学家麦克尔·桑德尔（Michael J. Sandel，1953～）在其著作中以学校毕业典礼为例，生动形象地阐明了社会自由主义的缺陷。我也如法炮制，准备了两篇表彰优秀毕业生的"范文"，在她们面前朗读。第一篇是普通的文章。

"铃木一子同学遵照本校的建学理念，每日勤于学业，并与其他同学和谐相处，乃本校学子之榜样。为了表彰她的努力和贡献，在此授予其优秀毕业生奖。"

接下来，我又读了一篇"社会自由主义风格"的表彰致辞。

"铃木一子同学恰巧与本校的建学理念相一致，考试时由于押对了题，偶然地获得了好成绩。在班级里也没有破坏纪律，并幸运地成了大家的榜样。为了表彰这一系列的偶然和她的好运，在此授予其优秀毕业生奖。"

她们哄堂大笑，但如果按照社会自由主义的理论，上述致辞是"合乎逻辑"的。不仅如此，由于社会自由主义过于重视偶然性，因此还生成了另两个缺陷。

九、社会自由主义的缺陷

"我想问大家，除了上述问题外，你们觉得社会自由主义还存在什么缺陷呢？"

对此，立刻有学生答道："如果人们都接受这种思想，那么不幸的人就会认为自己的不幸是因为不走运，或者把不幸的原因归咎于他人。"

"有的人或许真是因为他人或不走运而陷入不幸，但这种怨天尤人的想法很难改变命运、创造幸福。"另一名学生补充得非常到位。

话匣子这样一打开，她们就开始积极发表意见了——"这种一味批判他人的思潮一旦蔓延，社会就会变得不稳定。""思想偏激的危险分子可能会出现。"……

说实话，我没想到她们能提出这样的真知灼见，看来现在的年轻人不可小觑。

她们说得没错，如果极端地解读社会自由主义，这种思想就会成为容许底层群体破坏社会的背书。"错的是社会，我们只是不幸者。""冤有头债有主，一切怪政府。""成王败寇，造反有理。""砸碎不合理的旧制度是我们的权利和义务。"……这些过激的言论和主张，其实都由社会自由主义衍生而来。

假设连有识之士都开始反复责怪社会、责怪他人，势必会导致社会陷入混乱。很遗憾，这可以说是社会自由主义的一大缺陷。

除此之外，社会自由主义还有另一个不容忽视的缺陷。在前面的提问环节，她们的回答并没有戳中这个要害。可见她们虽然都有出国留学的经历，但去的可能都是发达国家，而没有在发展中国家生活过。因此，我给她们讲一件发生在乌克兰的真实事件。

"2014 年 2 月，乌克兰国会解除了亲俄派总统亚努科维奇的职务，其理由是贪腐问题。据称，当时乌克兰国库凭空消失的 370 亿美元与亚努科维奇及其下属官员有关。

"大家会英语，想必知道官员或者说公务员在英语里叫'public servant'。其含义是'侍奉国民的仆人'。话虽如此，由于政府官员手握大权，一旦伦理道德意识低下，就会从人民的 servant（仆人）变成人民的 master（主子）。比如颁发各种许可证的官员，如果滥用职权，便可以向老百姓吃拿卡要。

"说起乌克兰，正如大家所知，其东部地区正陷入内战的泥潭。政府军与亲俄派武装之间交火不断，局势一片胶着。很多人百思不得其解，亲俄派究竟哪里来的那么多武器装备？对此，有各种消息和推测。有所谓知情者爆料，说在亚努科维奇下台后，俄方收买大量乌克兰的边防警察，从而使大量俄方的卡车非法入境。如果这是事实，那就证明乌克兰政府的腐败已经对其国民造成了深刻的影响。正所谓'上梁不正下梁歪'。

"之所以讲到乌克兰，是为了让大家明白，政府规模一旦扩大，就会掌握各种权力，而各部门的官员便可能会随之滥用职权、牟取私利。如今的日本几乎不存在重大的贪腐行为，但纵观全世界，官僚和政客的贪腐是不少国家亟待解决的重大问题。这便是社会自由主义的另一大缺陷。"

当然，即便政府、政客和官僚拥有权力，只要他们把人民的利益放在首位，就不存在问题。可遗憾的是，绝对的权力往往会导致绝对的腐败。尤其是一些发展中国家，由于监督机制的不健全、政治的透明度低下，当权者简直可以为所欲为。社会自由主义主张让强大的政府实施调控，可强大而庞大的政府容易腐败，这是一个一直存在的两难问题。

尽管如此，社会自由主义还是为现代社会带来了不小的积极影响，我们不可对其全盘否定。当今，包括日本在内的大多数国家都采用了"累进税"制度，对高收入者征收高额税金。它已成为全世界普遍承认的征税方式，是实现合理分配的必要手段。

此外，社会自由主义还主张政府应完善社会保障机制，对弱势群体提供诸如失业保险、生活救济等福利。以前，这类事业往往由宗教团体或慈善组织负责，而在现代社会，政府必须将其作为行政服务的重要环节，并切实履行。

不少发达国家曾经也经历过"低福利社会"的时代，当时政府认为弱势群体是"咎由自取"，因此冷眼相待，且不提供福利救济。结果，经济崩溃、人权不保、战争爆发、恐怖袭击频发，造成了无数的人间惨剧。为了不重蹈覆辙，社会自由主义可谓人类不可或缺的智慧果实。

第五章

现代社会的问题

自由至上主义和社会自由主义可谓水火不容，两者不可能相互妥协或承认。而它们最大的对立点，就在于对"努力与成功"的看法。自由至上主义认为，只要拥有热情和能力，并加以努力，就必定能够获得回报；而社会自由主义则认为，命运多舛和制度缺陷会导致个体的努力化为泡影。换言之，前者强调"自主独立""个体责任"，而后者重视"政府调控"。可见，它们是完全二元对立的哲学思想，但不可思议的是，两者的理论前提其实极为相似。

一、两种社会哲学的共通之处

"我已经讲过，这两种哲学思想大相径庭。但其实两者还有共通之处，大家知道是什么吗？"

由于之前的说明一直聚焦在两者的差异上，因此她们根本没想过两者还有共通之处，所以起初班上一片沉默，这也情有可原。

于是我点拨道："大家可以想想狗和猫这两种动物，它们完全不同。可从更为宏观的角度来看，狗也好，猫也好，都是家养的宠物，都是四脚行走的动物，都属于哺乳类。换言之，一旦扩展了看问题的角度，就能发现它们的各种共通之处。而上述两种社会哲学亦是如此，大家可以按照这个思维，再想想看。"

接着，我从头到尾点名，让她们逐个回答，各种意见百花齐放。

"它们的影响力都很大。"

"它们都有局限和缺陷。"

"它们听起来似乎都很有说服力，但总感觉少了什么。"

"它们都涉及如何处置所得和财富。"

"它们都把所得和财富的分配作为重要课题。"

"它们都是西方的思想。"

"它们似乎都有个人主义色彩。"

"它们都没有涉及'思维方式'。"

"它们都被称为哲学思想，却没有谈到'好的思维方式'，这很奇怪。"

"它们都没有考虑长远的结果。"

"我觉得它们都很看重'权利'的概念。"

我一边听取她们的发言，一边把她们的意见和观点为三点。这三点可谓是自由至上主义和社会自由主义共通的基础，即"理论前提"。

二、三大理论前提

"非常好。大家畅所欲言，提出了不少意见，而且几乎都戳中了要点。把大家的意见归结起来，就可以得出自由至上主义和社会自由主义三大共通的理论前提。

"第一，它们都把单独的个体作为构成社会的基本单位。有的同学说，总感觉这两种哲学思想少了点什么；还有的同学说，这两种哲学思想似乎都有个人主义色彩；原因或许就在这里。此外，有的同学还说，两者都重视所得和财富的分配，这也是由于它们都着眼于单独个体的缘故，在此前提下，'每个个体拿多少'自然成了最重要的课题。

"第二，就像大家说的，它们都没有推荐某种特定的'思维方式'。也许两派的学者都害怕这样的做法会威胁到'自由'吧。因此，对于'何为理想的活法''何为正确的思维方式'等问题，它们完全没有涉及。这从两者的方程式中也能看出来。

"第三，它们都以诸如'几年内'等较短的时间段来判断努力的成果，或进行计算，或加以调整。它们认为，倘若个体的努力在短期内没有获得相应的回报，就应该行使权利，去除不公平因素。有的同学认为，两者都没有考虑长远的结果、都很看重'权利'的概念，原因就在这里。"

如此归纳完毕后，我便开始阐述稻盛哲学的特征。

"所以说，自由至上主义和社会自由主义有上述三个共通的理论前提，请大家牢记这点。接下来，我会把两者统称为'传统社会哲学'。再说到稻盛哲学的特征，如果简单地一言蔽之，即'不具备上述三大传统社会哲学的理论前提'。换言之，稻盛哲学的理论前提与两者相异。"

三、亚里士多德哲学与社群主义的兴起

但要知道，稻盛哲学的这种特征并非前无古人。纵观人类哲学史，与上述三大理论前提相异的思想早已存在，其最早可追溯至亚里士多德的哲学理论。

"大家还记得吗？我一开始就讲过，社会哲学研究的主题是自由、正义和富足，而且这种思想可追溯至古希腊。说起古希腊，有一名哲人，大家想必听过。他就是亚里士多德（Aristotle，前 384 ~ 前 322）。

"让我们一边对照上述三大理论前提，一边分析他的思想。在亚里士多德看来，通过工作等行为，人们便成了'与他人相联系的城邦市民（即处于某种关系中的个体）'，因此他强调'行正确之事（保持好的思维方式）'。正确的思维方式和行为举止

能够使人人格高尚、涵养卓越。而他所说的卓越涵养并非暂时的、短期的，而是长期的磨炼。人生不可能一帆风顺，势必有艰难曲折，还会有灾祸和不幸，但人格高尚、涵养卓越之人则会心怀感恩地接受一切考验，进而努力奋斗、开创未来。换言之，对于'幸福'的概念，亚里士多德的眼光很长远。"

如此总结了亚里士多德的哲学思想后，我开始进入关键环节。

"虽然同为西方思想，但亚里士多德的哲学与传统社会哲学完全不同。前者把城邦市民看作'处于某种关系中的个体'，呼吁人们倾其一生行正事、修人格。这与后者的三大理论前提大相径庭。从这点来看，我们似乎从亚里士多德的哲学中找到了希望，但遗憾的是，他的思想过于古老，面对现代社会的诸多问题，其缺乏现实性和可操作性。这也情有可原，毕竟是公元前的哲学思想了。

"那么，有没有现代哲学传承了亚里士多德的衣钵呢？"不出所料，班上没人回答。之所以这么问，是为了勾起她们的兴趣。于是我自问自答道："其实是有的。这种社会哲学思想叫'社群主义'。该思想在 20 世纪 80 年代的美国兴起。当时，作为一支新兴的流派，其对传统的个人主义哲学提出了质疑，认为社会的单位并不是'互不相关的单独个体'。要想克服传统社会哲学的缺陷，我们可以寄希望于这种思想。"

刚说完社群主义的优势，我便又开始阐释其局限性。

"遗憾的是，社群主义并未明确社会及个体的理想状态及行为。不少社群主义者强调'思维方式'的重要性，但对于具体内容却含糊其词、云里雾里。不仅不同的学者各持己见，有的学者还会在不同时期阐述截然不同的观点。因此，社群主义也并非我们的救命稻草。"

至此，我提出了自己的结论："那么稻盛哲学如何呢？我认为，稻盛先生的哲学思想具备现实性、可操作性及一致性。"

说到这里，想必已经点燃了她们对稻盛哲学的好奇心，但正所谓心急吃不了热豆腐，在详细阐释稻盛哲学之前，我打算先讲解现代社会的问题。通过审视这些问题，她们愈发能理解，为何人们需要一种与传统社会哲学截然不同的全新社会哲学。

四、现代社会存在的问题

"我在前面提到，传统社会哲学的影响涉及人们生活的方方面面。此外，虽然自由至上主义和社会自由主义拥有共通的理论前提，但两者水火不容。换言之，人们生活在相互矛盾的两种哲学思想中。假设社会处处和谐、人们安居乐业，那么大可无视这种矛盾。可现实又怎样呢？大家认为现代社会是完美的吗？"我故意抛出这个略显沉重的问题，让她们陷入思考。

"这个问题太过宽泛，可能大家完全没有概念。那我们就以美国社会为例，大家认为美国社会存在什么问题？可以想到什么就说什么，哪怕只是通过电视或网络获得的信息也可以。

"对了，之所以以美国社会为例，是因为它具备典型性。从传统社会哲学的角度来看，美国的社会体系非常简单明了。大家知道，美国有共和党和民主党两大政党，其各有支持者，从而构成了美国的两大舆论阵营。笼统地讲，共和党推崇自由至上主义，而民主党主张社会自由主义。因此，美国社会一旦出现问题，究其原因，基本都可归结于这两大社会哲学的问题。

"有的同学即便没去美国留学过，也肯定对美国社会的问题有所耳闻。有谁愿意发言吗？"我再次尝试调动她们的积极性。

于是一名学生答道："我听说美国人的贫富差距很大。"

"很好，这位同学说得没错，我们经常在各种报道中看到或听到类似的消息。我手头正好有一组皮尤研究中心（Pew Research Center）的调研数据，念给大家听一下——有65%的美国民众认为贫富差距在不断扩大，而有57%的美国民众对此表示担忧。

"过大的贫富差距的确是不容忽视的社会问题，但其衍生问题则更为严重。譬如，围绕贫富差距扩大的原因，共和党和民主党的支持者就持完全不同的意见。前者是自由至上主义者，因此把贫困归咎于不够努力；后者是社会自由主义者，因此主张超越个体能力的外在因素是贫困之源。这种胶着状态使双方难以得出一致的具体解决方案。

"目前，美国社会的贫富差距尚在安全范围内，但如果不同团体和阶层依旧各执一词，随着时间的流逝，有效对策迟迟无法出台，则可能导致贫富差距失控、社群对立，最终出现严重的社会断层。"

总结完贫富差距问题后，我接着问道："大家还听说过美国的其他社会问题吗？"

一名学生发言："电视上说，美国的治安在恶化。"

"很好。治安恶化的确是严重的社会问题。而且随着贫富差距的加剧，富人们便会逃离较为落后荒凉的小城镇，从而导致地方税收减少，进而影响当地公共服务的质量，而警察的治安维持活动自然也包括在内。

"此外，也有人把美国的治安恶化归咎于人们的互不关心。如今的美国，不要说繁华的市中心，就连民风相对淳朴的郊区，邻里之间也逐渐演变为'老死不相往来'的关系，连周边住的是谁都不知道。可想而知，在这种情况下，假设隔壁住着仇视美国的危险分子，人们也难以发觉，治安当然不会好。为此，政府只能在各街区安装监控，甚至监听可疑人员的电话。自从2001年9月11日的恐怖袭击事件以来，虽然仍标榜自己是'自由国家'，但其实美国已经渐渐变成一个'监视型社会'。

"很好，大家已经列举了美国的两大典型社会问题，还有人要补充吗？"

坐在教室后排的一名同学说道："我记得在NHK之类的纪录片里看过，说美国已经成了一个滥用诉权的社会。"

"很好，这也是美国社会的一大问题。究其原因，其实和刚才的问题有关联。大家想一下，如果人们彼此疏远，不了解别人的生活，那么势必会互相警惕和猜疑。在这种缺乏沟通的环境下，一旦发生矛盾和冲突，人们就会倾向于用法律手段解决。换言之，在如此冷漠的社会中，为了自身权益，人们会变得锱铢必较，哪怕是一些小事，也会毫不犹豫地走司法途径。

"以前的美国并非如此，碰到一些较小的利害冲突，往往会向地方自治团体寻求和平调解。但纵观当今的美国社会，地方自治团体之类的组织已经失去了往日的号召力，因此人们开始过于频繁地走司法途径。此外，庞大的律师群体也助长了美国的'滥讼之风'。为了金钱利益，他们往往会怂恿当事人起诉，一旦官司打赢，便能获得赔偿金的分成。"

既然讲到了司法，我便顺水推舟，阐述与其相关的两点内容。

"谈到权益，首先我们要明确，当个体之间的不同权益发生冲突时，往往很难得出让双方接受的结论。举个例子，'言论自由'与'限制仇恨言论'便是一对典型矛盾。所谓仇恨言论，是指不顾对方感受的偏见指责和语言暴力。譬如对某种宗教的恣意诋毁，这种行为会严重伤害信教者的感情。尤其对不少社会弱势群体而言，宗教信仰是唯一的精神寄托，倘若有人打着'言论自由'的旗号，对某种宗教进行贬低和中伤，教众势必会视其为仇恨言论，并表示愤怒。

"其次，司法判决不可能做到百分百公正，胜诉的不总是正义一方。我当然希望'正义必胜'，可纵观现实社会，这只能是个美好的理想。很多时候，胜诉的往往是有钱聘请优秀律师的人。甚至可以说，贫富差距与判决结果钩挂。假设富人和穷人打官司，富人请得起名律师，因此赢了官司；与之相对，穷人则被迫接受不合理的判决结果。大家想一想，穷人会甘心吗？"

坐在后排的另一名学生答道："至于穷人甘不甘心，要看具体的判决结果。"

"有道理，这位同学说得没错。但我想强调的是，穷人也是人，也会有愤怒和憎恨之情。假设他们认为当前的司法制度只为富人服务，社会正义无法伸张，那会造成什么结果呢？"

我自问自答道："由于他们处于弱势，一没钱二没权，最终只能付诸暴力手段，打破既有秩序。明知违法，却铤而走险，这不仅是社会的悲剧，也是个人的悲剧。可见，滥用诉权最终也会导致治安的恶化。"

五、日本社会的现状

其实不仅是美国，凡是受传统社会哲学影响的社会，都会出现上述三种社会问题。欧洲国家的贫富差距也日趋扩大，一些国家政府甚至负债累累、濒临破产；而围绕"言论自由"，欧美与伊斯兰世界一直相互对立，这正是不同权益之间的冲突；此外，发达国家人民的物质生活虽然富足，但人与人之间日益疏远，导致受精神疾病折磨的人不断增加；而军事武装力量也无法保证社会治安，恐怖袭击让世界各地的人们都如惊弓之鸟。

日本社会亦不例外，同样也受到传统社会哲学的影响。曾经的日本属于健康的"枣核型社会"，绝大部分人认为自己处于社会中层，但随着泡沫经济的破灭，一切都今非昔比。就连日本一直引以为傲的治安环境，如今也呈现恶化趋势。至于司法方面，虽然还未到美国那种滥用诉权的程度，但付诸法律手段的人的确日益增多，司法机能也在不断强化。

　　耐人寻味的是，即便在这种现实情况下，日本人似乎也没有强烈的危机感，不管是追求传统社会哲学的替代品，还是弥补传统社会哲学的缺陷，都不属于日本当前的主流思潮。究其原因，一是由于问题还不严重，但更主要的，恐怕是日本文化中根深蒂固的群体意识，即重视社群主义的国民性。

　　从学术角度来说，早在"二战"前，日本就对社群主义的意义进行了诸多研究。前面讲过，到 20 世纪 80 年代，美国社会才开始重视社群主义。可见，在这方面，日本比美国先进了数十年。然而在"二战"后，由于社群主义中的"义务""责任"等概念被认为是陈旧的思想，因此大部分学者对其敬而远之。在西方自由思想的熏陶下，大家普遍推崇自由至上主义和社会自由主义。

　　但这毕竟是学术界的倾向，即便人们不再讨论和研究，社群主义依然残留在日本人的潜意识之中。从该意义层面来看，稻盛哲学或许是一种回归，它试图找回我们深层意识中理想的活法和社会形态。

第六章

何为稻盛哲学中的『自由』

我前面讲过，稻盛哲学不具备传统社会哲学的三大理论前提。接下来，我会顺着这三大前提，讲解稻盛哲学与传统社会哲学的不同之处，以及其思想内容。

首先是"互相独立的个体"，传统社会哲学认为，不管何种思想、何种理论，一旦强调人与人的关系，就会存在束缚"自由"的危险，有倒退至"中世纪封建思想"之虞。但稻盛哲学并不否定自由，反而对自由有更为全面的认识，譬如传统社会哲学一直忽视的"康德式自由主义"和"基于理性的高层次自由"，都是稻盛哲学所提倡的。那么，在强调"人与人的关系"的前提下，能够推导出怎样的"自由论"呢? 让我们来分析一下。

一、"处于关系中的人"

传统社会哲学把人与人之间的各种关系一并排除，把构成社会的单位定义为"抽象的个人概念"或"互相独立的自由个体"。这也是欧美传统哲学思想的一大倾向。在西方的社会哲学思想里，"社会"是一个无法解释的笼统概念，需要对其进行细分（divide）。而随着不断细分，就得到了无法继续分割（in-divide）的最小单位，这也是英语中"个人（individual）"一词的由来。

与之相对，稻盛哲学不把人割裂为"互相独立的个体"。如果把社会单位细分为不受他人影响的"自由个体"，就会同时忽视责任和分工。因此，不应该单纯地把"个人"作为最小单位，而必须把"处于关系中的人"或"人与人的关系"作为最小单位。用英语来说，就是要用"person"来代替"individual"。因为"person"这个词的原意是"各种面貌的集合""多种社会角色的集合"。

不受他人影响的自由个体只存在于理论中。纵观现实社会，不管是工作、对话还是生活，每个人都在不断与他人产生交集、发生关系，即"处于关系中的人"。为了阐明这点，稻盛哲学把人们彼此之间的期待和想法视为关键。具体来说，甲方对乙方抱有何种期待和想法，乙方又如何回应甲方的期待和想法。这种互动，正是稻盛哲学的着眼点。

反之，传统社会哲学则忽视该领域。以自由至上主义为例，在分析劳动者时，其彻底排除了"人性的复杂性"，而只强调劳动者的生产属性，或把劳动者单纯视为"提供劳动力的个体"。而在稻盛哲学中，企业家和劳动者是相互联系的主体，双方彼此抱有期待、肩负职责，并通过协作，共同成长。这是稻盛先生的个人理念，也是稻盛先生的用人之道。在京都陶瓷（如今的京瓷）创立数年后，一批刚入社的新员工提出了薪酬要求，稻盛先生与他们交流讨论，并在事后收获了心得。从这件事情中，可以窥见稻盛先生的社会哲学理念。

二、通过关系，认清责任和分工

"那我们就来讲讲稻盛先生的故事。怀着成为优秀技术专家的梦想，他在27岁时创立了京都陶瓷公司。这次创业，是他自由意志的选择。而当时的伙伴和前辈们也全力支持他，他们也希望稻盛先生能够充分发挥自身的技术实力。而在公司运营的第三个年头（1961年4月末），稻盛先生认识到了一个意料之外的现实问题——仅凭自己的'技术情怀'，是无法让公司撑下去的。

"之所以会认识到这点，前面提到过，起因是一批刚入社的应届高中毕业生，他们和在座的各位年纪相仿。他们要求稻盛先生'对未来的薪酬立下承诺'。和现在不同，当时全国都掀起了工会运动的热潮，许多公司的劳资纠纷非常严重，而京瓷也没能幸免。

"与稻盛先生展开强硬交涉的是11名刚入社的应届高中毕业生，可当时的京瓷才刚刚创立不久，根本无法向员工保证将来的薪酬水平。于是，稻盛先生把他们请到自己家里，花了三天三夜时间，和他们推心置腹，从公司的现状讲到自己的梦想，试图让他们理解实际情况。他的真挚与热情逐渐感化了那帮年轻人，可其中有一个人依然故我，丝毫不肯让步。

"我先打个比方，假设各位是某个运动项目的校队队长，为了在今年的省级运动会上拿冠军，你们号召队员刻苦努力，可有几个队员却不予以配合。在努力说服之下，最后剩了一个怎么都不听劝的顽固分子。你们会如何处理呢？"之所以打这个比方，是为了让她们有代入感，以便她们设身处地地思考。

经营企业和管理社团虽然有所不同，但在"引导人心"这点上是共通的。而她们的回答也在意料之中——"说服。""继续说服。""如果对方还是不听劝，那就让他退出校队。"

"稻盛先生的做法也和大家类似——继续说服顽固分子。可不管怎样晓之以理、动之以情，对方依然坚持己见。稻盛先生最后怎么办呢？刚才大家的结论是'让对方退出校队'，那他是否也把那位年轻人辞退了呢？答案是否定的。他不折不挠地继续说服，不成功誓不罢休。

"而在使尽浑身解数后，稻盛先生对他说了一句话，大家能猜到是什么吗？"

对于我的提问，她们觉得"胜券在握"，纷纷发言："那只能请你辞职了。""都说到这个份儿上了，既然还说不通，那你另谋高就吧。""既然不同意我的理念，那你走人吧"……

"你们都猜错了。"我说道。

她们完全被这个悬念吸引了，直勾勾地盯着我，似乎迫不及待地想知道答案。于是我略显得意地公布谜底。

"稻盛先生当时说，'如果我食言了，你大可用刀捅死我。'大家或许觉得这话有点让人害怕，但其实是他拼尽全力的真诚心声。他的意思是'我绝对不会欺骗你'，'请务必相信我'，'虽然我的诚意无法用实体证明，但我会用性命担保'。"

"大家知道《海贼王》〔译者注：《海贼王》(《ONE PIECE》) 是日本漫画家尾田荣一郎的少年漫画作品。于 1997 年在《周刊少年 Jump》上开始连载。描写了拥有"橡皮身体"的青年路飞，以成为"海贼王"为目标，和同伴在大海展开冒险的故事〕这部漫画吧。至于具体的故事情节，想必大家比我了解，主角路飞是想当上海贼王的男人，这点没错吧。那我问大家，路飞身边为什么会有大批追随者呢？为什么他的伙伴越来越多了呢？"

这个问题让课堂气氛一下子轻松活跃了起来，她们肯定没想到我会讲到漫画。于是开始七嘴八舌地积极发言。

"因为路飞从不背叛同伴。"

"因为路飞会为了朋友两肋插刀。"

"因为路飞最重信用。"

"谢谢大家的踊跃发言。那我再问大家,现在日本人气最高的漫画作品是什么?"联想我刚才的话,答案不言自明。没错,就是《海贼王》。

我接着讲道:"像《海贼王》这种宣扬'对同伴忠诚'的漫画作品很打动人心,尤其被年轻人所喜爱。现在看来,创业初期的稻盛先生简直和路飞一样,还说出了'如果我食言了,你大可用刀捅死我'这样的豪言壮语。据说,听了这句话后,那名顽固分子感动得流下了眼泪,并紧紧握住了稻盛先生的手。

"如果稻盛和夫在说服那名员工后觉得大功告成、一劳永逸,那他也就是一个泯然众人的普通企业家而已。但其非凡之处就在于事后的内省,为了切实履行自己的承诺,他调整了经营方针——公司不是追求自身梦想的手段,而应该是为员工争取幸福的载体。他不但将其作为准则,还立字为据。"

对于这段经历,稻盛先生事后回忆道:"我起先苦苦思索了好几周,然后突然拨云见日。如果继续把企业经营视为实现自己'技术梦'的手段,即便最后成功,员工也会成为牺牲品。所谓企业,应该肩负更伟大的使命;所谓企业经营的根本原则,必须是保障员工及其家人的生活,进而给全体员工带来幸福。"

"从那时起，不管是经营京瓷公司，还是受托拯救 JAL 公司，稻盛先生都把'追求员工物质、精神两方面的幸福'作为企业理念。员工期待企业家给予自己幸福，企业家则肩负给予员工幸福的责任。稻盛先生深刻认识到了这种相互关系，并将其作为企业的精神支柱。"

换言之，他将自身置于与员工的关系之中，然后顺藤摸瓜地思考，最终重新认识到了自身的责任与分工，并将其归纳总结为"追求员工物质、精神两方面的幸福"。

假设他只关注自己，思考"自己想做什么""自己想成为什么""想检测自己的能力"，那么可能就会继续单纯地追求"技术梦"。而通过与员工推心置腹的交谈，在人与人的关系中，他获得了重新思考自身职责的绝好机会。

三、日常生活中，人与人的关系无处不在

"我已经讲过，通过与新员工的交涉，稻盛先生清楚认识到了自身的职责所在。通过这个实例，我们可以得出一个结论——人被赋予的期待和完成的使命，似乎都是在与他人的关系中生成的。大家在与人交往时，有没有类似的意识呢？"

对此，她们答道："稻盛先生是企业家，所以才有这样的

觉悟吧。""年轻人在与人交往时,不管是思考还是行动,还是偏重于自我。""在人与人的关系中,会思考自身责任和分工的,我觉得毕竟还是少数。"

她们的回答让我有些失望,但我并不气馁,接着讲道:"即便没有稻盛先生那种刻骨铭心的经历,我觉得大家也能理解人与人的相互联系。我举个例子,假设大家邀请两位好朋友来家里做客。

"当天,你们的母亲正好在家,朋友一进家门,就向在厨房忙碌的母亲打招呼。然后你们带两位朋友上楼,来到了自己的房间。天南地北地聊了将近半个小时后,母亲端了三份蛋糕和茶饮上来。在此,我问大家一个问题,对于母亲的所作所为,大家是否心存感谢?"

她们一致表示感谢。

我接着说:"接下来,母亲并没有离开大家的房间,先是站着听你们谈天,后来干脆搬了把椅子来,和你们一起谈笑风生。在此,我再问大家一个问题,大家是否希望母亲快点离开房间?"

班上大多数人希望母亲快点离开房间。

确认了她们的态度之后,我继续道:"当天,正巧你们的父亲也放假在家。由于你们的母亲一直没下来,父亲觉得有点无聊,便也来到了你们的房间。他打开房门,对母亲说'你在干吗呢'，然后也搬出一把椅子坐下，和大家一起聊天。在此，我问大家最后一个问题，大家能忍受这种情况吗？"

她们一致表示无法忍受。

这世界上有不少父母都溺爱自己的女儿，但许多女儿似乎都嫌自己的父母太烦，但她们是否真的嫌弃自己的父母呢？对此，我又问道："大家讨厌自己的父母吗？"

她们的回答还算让人欣慰——"怎么可能讨厌，只是不希望他们掺和聊天。""不是讨厌啦，只是父母坐在旁边，我和朋友就会很拘束。""讨厌倒谈不上，不过有点烦。"……

"大家既然不讨厌自己的父母，为什么不希望他们坐在旁边呢？大家知道原因吗？"我故意抛出这个问题，目的是让她们主动思考。

我静待她们发表意见，可班上鸦雀无声，我只能点拨道："原因就在于大家的行为模式完全以'人与人的关系'为参照物。"

这样解释还不足以让她们明白，于是我补充道："大家在日常生活中，其实戴着各种各样的人格面具。我所说的面具并没有负面意义，在待人处世的过程中，通过不同的人格面具来扮演不同的社会角色，这无可厚非。因此人们在和自己的朋友打交道时，彼此遵循着一套潜规则，譬如该做什么、不该做什么，以及采取什么态度等；同理，人们在和自己的亲人打交道时，又遵循着另一套潜规则；这种行为往往是无意识的。

"这种人格面具不止两种。以我自己为例，就有好几张人格面具——妻子面前的丈夫，孩子面前的父亲，学生面前的教师，邻居面前的街坊等。而且面具的使用和替换非常自然，甚至自身都无法察觉。

"但'一人分饰多角'是极为困难的，如果同时戴着多个人格面具，就会产生焦虑感。大家刚才说，人们在彼此交往的过程中，不太会考虑自身的责任和分工，可事实真的如此吗？

"我觉得正好相反，尤其是在座的各位，你们非常重视人与人的关系，而且知道自己应扮演的不同角色和应履行的不同职责。就拿刚才我举的例子来说，在和自己的朋友聊天时，你们都不希望父母掺和进来。这是因为，你们在面对朋友和面对父母时，使用的是两张截然不同的人格面具。

"面对父母，大家戴上的是孩子的人格面具；面对朋友，大家戴上的是另一张人格面具。在没有外人的情况下，大家可能在家里称呼自己的父母为'爸妈'，而不会直呼其名或用谐称，这是大家和自己父母长期约定俗成的一种潜规则；反之，在学校面对同学时，大家可能会把自己的父母调侃为'老妈'和'老头子'。当然，这是我从男生那里经常听到的，但想必女校也八九不离十。

讲到这里，我总结道："朋友和父母同处一室，大家之所以会感到焦虑，是因为不知道该戴上哪张人格面具了。

"换言之，之所以会感到不舒服，是因为大家有意识或无意识地遵循着人与人的关系。"

四、透过人与人的关系，我们能看到什么

通过上述说明，她们应该理解了何为"处于关系中的人"，并认识到其在日常生活中无处不在。接下来要讨论更深层次的问题——既然不把"独立的个体"作为构成社会的基本单位，而以"处于关系中的人"或"人与人的关系"为视角，那我们究竟能看到什么呢？换言之，能否发现传统社会哲学所忽视的新东西呢？

不管采取何种视角，"回馈"都是重点思考的要素。在传统社会哲学思想中，能够回馈给个体的所得和财富是关键；而如果以"人与人的关系"为视角，重要的就不仅仅是个体的回馈物，还包括关系的回馈物。

说到关系的回馈物，自然包含诸如"共同所属地"之类的物质财产，但更主要的是精神纽带，即在与他人交往过程中所

经营的关系，它也被称为"人际财富"。具体来讲，其包括个体相互之间的信赖、赞赏、尊敬及衍生出的团体和谐和社会和谐。譬如良好的治安环境、充实的生活状态及人与人之间的互助关系等。

　　对于"人际财富"这一概念，有的人或许不以为然。毕竟它看不见摸不着，也无法用货币单位来衡量价值，感觉虚无缥缈。但在突发事件或灾难面前，例如 2011 年的东日本大地震，以灾民为代表的许多日本国民便切身感受到了人与人之间的情感纽带。有句话叫"感情不能当饭吃"，但它能够给予人们活下去的勇气。换言之，人生在世，大家都需要这样的感情纽带，它无法用金钱来衡量。

　　"让我们再以 2011 年 3 月发生的东日本大地震为例，当时的最高震级超过 9 级，对日本东部造成了巨大影响。比如仙台市，其公共交通系统全线瘫痪，许多市民难以回家。灾害的头一天，仙台市内震感强烈，所有商店几乎都遭到破坏，根本无法正常营业。另一方面，为了尽快确认家人平安与否，许多市民赶往自行车专卖店。理由很简单，在公共交通瘫痪的情况下，骑自行车是最便捷的出行方式了。

　　"一位在当地卖自行车的老板回忆道，当时他已经准备关门歇业了。可看到人们不断前来求购自行车，为了解决他们的燃眉之急，便坚持继续营业。可不少人身上并没有带足够的现金，再加上地震导致停电，根本没法刷卡。对此，老板下了一个决定——允许赊账，而且按照标准零售价卖，不加价一分钱。面对与自己素不相识的人，他只要求对方留下姓名和地址，便将自行车拱手给人。而在之后的几天内，那些赊账的人纷纷赶来付钱，一个不落。

"说得极端一点，在传统社会哲学家看来，这位老板的做法恐怕是不合理的。如果遵从自由至上主义，考虑到供需平衡关系，他大可抬高自行车的售价。在高价格高利润的驱使下，更多的自行车会被卖到受灾地，而厂商也会提高产量、保证供给。这样一来，自行车供不应求的状况就能得到解决，而价格也会相应地下降。

"简单来说，如果相关厂家一味追求利益，最终受益的还是灾民。基于这样的逻辑推理，自由至上主义者认为坐地起价无可厚非。大家对此怎么看呢？

"而在社会自由主义者看来，拯救身处困境的弱势群体完全是政府的职责，可一旦灾难发生，政府往往很难在第一时间做出反应，而灾民则无法坐以待毙。此外，很难界定哪些人是最该得到帮助的弱势群体。就拿上面举的例子来说，比起前来求购自行车的市民，搞不好那位老板的状况更为悲惨。假设事实如此，那么他完全有理由稍微抬高一点售价。

"不管怎样，姑且假设那位老板在地震发生后加价销售自行车，并且是高得离谱的价格，结果会怎样呢？购车者势必会感到不满，有的人可能就不来还清赊账了。这么做并不难，只要在欠条上胡乱写个假地址，老板根本找不到你。

"可结果呢？没有一个人这么做。对于那位老板的善意，购买自行车的灾民以诚意来回馈。他们为什么这么做呢？"

对此，学生们的回答五花八门，但主旨相同——"那位老板也好，购买自行车的灾民也好，面对灾难，都觉得应该互信互助，而不是发灾难财。双方都重视人与人的情感纽带。"

"我完全同意大家的观点。双方的情感、想法和潜在共识，这正是人与人之间的'人际财富'。而对一个团体而言，这可谓是一种'无形资产'。"

五、重视人与人之间的关系

严格来说，人与人之间生成的"人际财富"其实有两类，一类是正面的，一类是负面的。譬如警惕、嘲弄、轻蔑，它们都属于负面的人际财富，大家可以将其理解成经济学上的负资产。负面的人际财富会对组织和社会造成一系列负面影响，比如治安恶化、生活空虚、情感孤立等。如果人们互相猜疑、尔虞我诈，而受害者也会进行对抗，甚至以彼之道还施彼身，最终生成名为"警惕"的负面人际财富。

上述讲解只是阐明了一个事实而已，即"人际财富分正面和负面两种"。这种概念整理属于社会学的范畴，而非社会哲学所关心的领域。对社会哲学家而言，探寻概念的本质才是王道。具体来说，"如何才能生成正面的人际财富""既然要经营良性的人际关系，应该如何明确个体的职责分工"……这类实践性的课题才是关键。

如果有人真要较真，可能会提出诸如"为什么非得经营良性的人际关系"之类的疑问。为了正本清源，我先对她们提出了一个问题。

"个体在社会中，是希望别人信赖、赞赏、尊敬自己呢？还是希望别人警惕、嘲弄、轻蔑自己呢？"答案显而易见，但我还是故意向她们确认。

自不必说，她们的回答都一样——"希望别人信赖、赞赏、尊敬自己。"

"没错，按照常识，既没人喜欢互相猜疑、互相谩骂的人际关系，也没人期许治安恶化、局势混乱的社会环境。哪怕在现实中有这种情况，也不会有人对此表示欢迎。只要披上罗尔斯的'无知之幕',这个道理就不言自明了。

"稻盛先生亦是如此,他曾思考,既然人人都希望别人信赖、赞赏、尊敬自己,那究竟要怎么做,才能实现这种良性的人际关系呢? 他得出的结论是'将好的思维方式付诸实践'。"

六、挣脱欲望的枷锁

对于"思维方式"的解释和评价,将留到下个章节。我们首先分析稻盛先生是如何看待"人际关系"和"自由意志"之间的关系的。换言之,我们需要知道,对于社会哲学亘古不变的主题——"自由",他是如何处理的。

"前面已经讲过,中世纪的人际关系是支配与被支配、服从与被服从的关系,这种关系束缚着大部分个体的自由。为了和这种旧体制划清界限,传统社会哲学提出了摆脱一切束缚和桎梏的'独立的自由个体'概念。因此,在传统社会哲学家看来,只要倡导'实践好的思维方式',便是一种思想的倒退、一种对自由意志的否定。

"的确,如果被强行灌输一种特定的思维方式,人们往往会感觉个人自由遭到了侵犯。大家同意吗?"

一位发言踊跃的学生答道:"在待人处世中,如果自己的职责被单方面决定，并且没有商量的余地，那我觉得是没有自由可言的。"

"这位同学讲得很到位，她提到了'单方面决定，没有商量余地'。我想向这位同学确认一下，你用了'单方面'这个词，我将其理解为'与自己的意志和思维无关'，你觉得有问题吗？"

她对此表示赞同。

"既然如此，那我可以这么说，稻盛哲学通过强调'实践好的思维方式'的重要性，试图让每个人更加自由。"这句话她们可能一下子难以理解，所以我打算再举一个实例。我举起手中的粉笔，吸引她们的注意力。

"大家看到，这支粉笔现在在我手里，如果我松手，结果会怎样呢？不用说，粉笔会掉落到地上。粉笔没有意志，只能被物理法则所支配，因此会掉落。按照刚才那位同学的说法，粉笔等于是单方面地受到了物理法则的支配。

"我们再以猫咪为例，如果一只猫饿了好几天，当你拿着猫粮在它面前晃悠时，它势必会对猫粮趋之若鹜。因为猫咪的行为受到了生理法则的支配，换言之，饥肠辘辘的猫被生理本能单方面束缚着。

"我们人类亦不例外，受到一系列物理法则和生理法则的束缚。对于人类而言，最大的烦恼便是本能和欲望。既然身为人，就不得不按照物理法则和生理法则行动，但如果单方面地受本能束缚，成为欲望的奴隶，那就成了粉笔和猫咪，完全丧失了自由。

"讲到这里，就不得不提及德国的著名哲学家伊曼努尔·康德（Immanuel Kant，1724 ～ 1804），想必大家有所耳闻。如果有的同学没听过，那请务必记住他的名字。许多人认为自由就是随心所欲、为所欲为；而在康德看来，这并非真正的自由。

"康德认为，真正的自由源于理性的力量，只有挣脱物理法则和个人欲望的枷锁、自律自主地决定自己的行动，才是真正意义上的自由。稻盛先生提出的'自由'概念，与康德的定义不谋而合。"

七、何为"实践自由意志"

"通过自身的实践，稻盛先生明确了'自由'的定义，并将其作为自身的活法，实践至今。"如此点题之后，我又向她们介绍了一些稻盛先生的名言。

"人类既有本能的一面，也有理性的一面。饥则食，渴则饮，怒则斗，欲则求，无则妒，所有这些业障烦恼的根源便是我执，因为人们要保护自己、繁衍后代"；"在做出判断时，人类经常会基于这样的本能"；"但这样一来，人便与动物无甚区别了；反之，如果能够客观地审视状况，势必能够做出更为合理的判断。

"对于本能和自由的关系，稻盛先生还有进一步的阐述，我摘取重点，给大家念一下。"我一边说，一边翻着手头的书。

"要抑制欲望，绝非易事。倘若失去本能，人根本无法存活，而我也并非主张摈弃一切本能。"

"关键在于，在利己之欲闪现的瞬间，便能够警觉，并有意识地努力抑制"；"抑制本能的最好办法便是'厉声喝止'，当自私自利之心抬头时，就应该不断训斥自己'不准胡思乱想'。一旦养成了这种抑制本能的习惯，便能够激发理性之心，从而做出正确判断。"

"念了这么多稻盛先生的话，是不是觉得有点难懂？我再给大家讲解一下，刚才念的内容里，反复出现了本能、欲望等字眼，这里的本能和欲望并不只限于生理方面，而是更为广泛的概念。比如，只考虑自身利益，而与特定的人建立关系、维持关系，这也属于基于欲望的行为。

"刚才讲过，传统社会哲学家憎恶中世纪的支配与服从关系，视其为'束缚自由'的元凶。究其原因，这种落后的支配与服从关系其实是特权阶级为了保障个人私利的产物。让我们想一想，砸碎旧世界的人在构建新的社会关系时，如果依然只考虑自身利益，结果会怎样呢？"我把这个问题抛给了她们。

由于没人发言，我便继续讲道："所谓'新的社会关系'，是指契约关系。"我故意提出"契约关系"这个关键词，为的是吸引她们的注意力。

"契约关系可谓现代社会的特征之一。为了追求各自的利益，关系对等的人自由自主地进行各种交易，这便是契约关系，且双方都有参加或退出的权利。以在座的各位为例，你们在这所高中接受教育服务，一旦感到不满意，完全可以转到其他高中；反之，如果你们有严重的违纪违规行为，校方也完全可以终止教育服务，勒令你们退学。你们与校方的这种关系，便是一种契约关系。

"反观中世纪的支配与服从关系，被支配者完全没有终止关系的自由，只得一味服从。所以说，它与现代的契约关系完全不同。但有一点要注意，缔结这两种关系的'动机'却是非常类似的。

"在支配与服从关系中，支配者的个人欲望成为缔结关系的动机；而在契约关系中，契约双方的个人欲望也是缔结关系的动机。不仅如此，在契约关系中，不管是缔结契约还是解除契约，其动机往往都是为了满足个人的欲望。

"我再问一次，如果人们只考虑自身利益，基于本能和欲望来构建新的社会关系，或者基于本能和欲望来打破既有的社会关系，大家作何感想？"

她们的回答不出所料——"我觉得这样未尝不可。""现实就是这样，我觉得无可奈何。""双方追求各自的利益，我觉得未必是坏事。"……可见她们并不太反对这种做法。

"很好，大家的观点可以理解。纵观现实，契约社会已然成形，而在缔结契约时，人们往往基于各自利益的考虑，这无可厚非。听了刚才我朗读的一些稻盛先生的名言，大家也能知道，他并不提倡'摒弃一切本能'。"我之所以这么说，是为了让她们认识到，她们的观点与稻盛先生的思想有相通之处。

"但请大家再想一想，契约双方的关系，难道仅限于纯粹的利益关系吗？"话一出口，我就有点后悔了——这个问题太抽象了。于是进一步解释道："何为纯粹的契约关系呢？打个比方，大家购买某个牌子的巧克力，便是一种基于纯粹利益关系的市场契约行为。消费者为了满足口腹之欲，因而花钱购买巧克力；厂家为了提升销售额、获得利润，因而生产、销售巧克力。这便是典型的契约关系，除了利益，再无瓜葛。

"我问大家，大家与学校的关系，是否与上述契约关系完全相同呢？"

她们立刻答道:"差不多吧。"

"那我再问大家,假设班上的某位同学在暑假闯了弥天大祸。当然,大家都是好学生,不可能真的做出那种事情,我只是打个比方。事件发生后,校方召开记者招待会,校长和教导主任向公众低头致歉。对于校方的这种做法,大家觉得是理所当然的吗?认为理所当然的请举手。"

结果,班上所有学生都举手了。

"假设那位闯祸的同学平常总是购买某个牌子的巧克力,事件发生后,那家糖果公司的高层也召开了记者招待会,对公众致歉。大家怎么看?"

对此,她们异口同声地答道:"这怎么可能。"

"没错,这简直是笑话。那么请思考一下,刚才大家说,你们和学校的关系是一种基于各自利益的契约关系,学校只是提供教育服务的机构而已。可事实真的如此吗?对于大家的日常行为,甚至是在难以监管的假期发生的事情,校方都承担了责任,并为之向公众致歉。如果是单纯的契约关系,完全不必做到这个份儿上。

"大家刚才之所以会一致举手,是因为对学校抱有高于契约关系的期许;而校方的所作所为也超出了契约关系的范畴。于是,学校关心和爱护大家,大家也对学校和班集体抱有深厚的感情，我说得没错吧。而这种关系应该叫'基于相互信赖的关系'。"我循序渐进地解释道。

"稻盛先生认为，人们在与他人构建关系时，不管是日常的人际关系，还是生意场上的交易关系，总体来说，人们都希望这种关系是基于'相互信赖的'。因为信赖关系不但能促进社会和谐，还能使人们生活富足。

"但如果纠结于个人利益、完全基于本能欲望行动，就与信赖关系无缘了。原因很简单，要想构建信赖关系，就必须在某个阶段做出一定程度的自我牺牲。稻盛先生之所以强调'不准胡思乱想''激发理性之心'，其原因就在于此。如果能挣脱欲望的束缚、基于理性行动，就能获得真正意义上的自由。而这种自由，便能使普通的契约关系升华为信赖关系。"

在此，让我们归纳总结一下稻盛先生的"自由观"。他所提倡的"自由"，是不受物理和生理法则束缚、不被身体里的欲望和本能左右的自由。这种理性的力量为人类独有，它使人类能够以自身的意志和职责来决定前进的方向。在他看来，这才是真正的自由。

八、自身心境折射出与他人的关系

　　自由概念是稻盛哲学的核心所在，一旦理解，就能明白稻盛哲学绝非倒退的思想。正相反，它可谓是面向未来、开辟道路的全新理念。不仅如此，它还是一种解惑的智慧，能够破解当今年轻人的烦恼和迷惘。为了让她们感同身受，我以"朋友关系"为例，进行讲解。

　　"大家应该有不少朋友，而在与朋友交往的过程中，理想的关系肯定是信赖关系，而非契约关系。对于这点，想必不会有人反对。而对于信赖关系，稻盛先生又是如何阐述的呢？下面就给大家介绍一下。"说到这里，我又开始朗读稻盛先生的著作。

　　"如何才能构建信赖关系呢？起先，我认为要找到值得信赖的伙伴。换言之，我在向外希求信赖关系，结果发现我错了。后来我悟到，只有自己先成为值得信赖之人，才能与他人构建真正的信赖关系。换言之，如果自己不具备一颗被人信赖的心，身边根本不可能有同伴。归根结底，信赖关系是自身心境的反映。

　　"稻盛先生提到的'向外希求信赖关系'，是一种以自身利益和欲望为动机的思维方式。再说得直白一点，就是把他人视为'能为我所用的资源'。以大家这样的学生族为例，有的人之所以交朋友，或许是为了不被班上的其他同学孤立。

"类似的做法都属于'向外希求信赖关系'。按照稻盛先生的说法，如果基于这样的动机，即便构建了关系，也并非'真正的信赖关系'。

"假设大家以'不想被孤立'的动机加入某个小团体，然后该团体成员开始合伙欺凌某一位同学，你们会怎么做呢？如果上前劝阻，那么自己可能会沦为被欺凌的对象。因此，以'不想被孤立'的动机入伙的人，结果往往会成为帮凶。

"正是为了避免这种情况的发生，稻盛先生才主张'不向外希求信赖关系'。反之，要想构建真正的互信关系，首先应该'向内求'，即以身作则，成为众人仰慕者。即便一时难以做到，也要不断朝着该方向努力。"

对于如今的高中生而言，人际关系是个头痛的问题。尤其是女生，她们往往敏感细腻，别人的一句话、一个举动，可能就会伤害到她们的感情。即便我引用稻盛先生的名言，对交友问题做了透彻的分析，恐怕也很难一下子打开她们的心扉，但这是改变不了的现状。我重振精神，对她们接着讲道："在日常生活中，大家想必都在使用微信和邮件等通信工具。如果朋友长时间不给你们发信息，或者你们长时间没有给朋友发信息，是不是会感到不安？没收到信息，就会担心朋友是不是不理自己了；没发信息，就会担心被朋友疏远；之所以会有这种烦恼，正是因为'向外希求关系'的缘故。

"稻盛先生认为，人与人的关系其实是'自身心境的反映'，如果大家在与人交往时惴惴不安，那么这种关系绝对不是一种'良性关系'。'自身心境的反映'这个理念可能有点晦涩难懂，但我建议大家务必将其铭记于心，在今后的人生中，如果能不断思考它、体会它，等过了 20 岁，大家就会有些许顿悟。有的人起初懵懵懂懂，一旦进入大学，便茅塞顿开。相信我，这种例子我见的多了。"

第七章

稲盛哲学中的『思维方式』

前面讲过，传统社会哲学的第二大理论前提是"不推荐某种特定的思维方式"。在传统社会哲学家看来，一旦强调"好的思维方式"，便会威胁到"自由"。而稻盛哲学认为"好的思维方式至关重要"，这样一来，似乎会受到传统社会哲学家的激烈批判，但事实并非如此。我之所以敢这么打包票，是因为稻盛哲学中的"好的思维方式"与传统社会哲学并不冲突。对此，我会详细分析。

一、何为"好的思维方式"

"前面讲到，要想构建充满信赖、赞赏和尊敬的人际关系，就必须基于好的思维方式行事，可我当时只字未提'何为好的思维方式'。现在，我就来讲解这种思维方式的具体内容。让我们来学习一下，在稻盛先生看来，怎样的思维方式才算好。"

"大家先独立思考一下，说起'好的思维方式'，大家会联想到哪些品德呢？"我按照座位的先后点名，目的是让她们都能发表自己的意见。

"正直""谦虚""认真""诚实""不撒谎""光明正大""宽容""孝敬父母"……她们几乎把所有美德都罗列了一遍。

"很好很好，我觉得已经够充分了。大家想到的这些美德，的确都属于好的思维方式的具体条目。但稻盛先生则更进一步，他并没有把这些美德视为思维方式本身，而是把'作为人，何谓正确'这一命题作为好的思维方式的准绳，并付诸实践。大家能明白吗？

"'作为人，何谓正确'，关于这种思维方式，我想强调的是其前半句，即'作为人'。请大家思考一下这半句话的含义。"

见她们一副冥思苦想状，我接着启发道："稻盛先生说'作为人'，是想强调什么呢？不是作为植物，也不是作为动物，而是'作为人'。他既然这么说，肯定有他的用意。"

说到这里，班上还是没人发言，于是我直接开始讲解："我认为，稻盛先生所说的'人'，首先是指生活在社会中的人。这个人，不是独立的个体，而是处于关系中的人、处于社会脉络中的人。换言之，稻盛先生的意思并非'作为个体，何谓正确'，而是'作为社会成员，何谓正确'。这便是'作为人'的第一层含义。

"稻盛先生所说的'作为人'，还有另一层含义，即'拥有理性的生物'。因为植物和动物都没有理性，因此'拥有理性'便成为了人的特征之一。如果仅仅强调人的社会性，那么人在思考事物时可能又会走向另一种极端，从而矫枉过正。因此，稻盛先生既强调了人的社会性，又强调了人的理性，以这样的定义和视角为前提，他提出了'何谓正确'这个命题。

"至于稻盛先生为何要强调'作为人，何谓正确'，其根本原因还是人性。人非常容易变得骄奢淫逸，一个人的生活和事业一旦顺风顺水，无论其拥有多么高尚的价值观，都有傲慢堕落的危险。因此，越是处于顺境，就越是要慎独自省，以理性为武器，思考自己在社会中的职责，不断扪心自问'何谓正确'。这便是稻盛先生的初衷。

"大家年纪尚小，即便我讲了这么多，可能觉得还是有点茫然。这没关系，大家还年轻，可以一心做自己，可以不在乎别人的目光，可以一心追梦向前冲，不用害怕鲁莽犯错。但如果碰壁了，希望大家能回想起稻盛先生的箴言，并扪心自问'作为人，何谓正确'。如果能够做到这点，我保证大家会少走很多弯路。"

讲到这里，我接着朗读稻盛先生的名言。

"什么是不断反省的人生呢？其实就是认真审视每天做出的判断和决定，并不断自问，它们究竟符不符合'作为人'的原理原则，并时常自我规谏。在反省时，务必尽量保持冷静和谦虚的态度"；"一旦做出了基于私欲的卑劣行为，不管程度多么微小，都要告诫自己'不准自私自利''要拿出行正事的勇气'"；

"有的人年轻时付出不亚于任何人的努力，不断磨砺自我，取得了事业上的成功，之后却不知不觉地自我陶醉、妄自尊大。周围的人见状说道'（这人）原本不是这样的啊'。这种例子很常见"；"不管自我提升至多么高的层次，也要保持一颗谦卑之心，时常三省吾身。学如逆水行舟，不进则退，可人的本性有懒惰的一面，这点的确很遗憾"。

懒惰、傲慢、容易受诱惑……稻盛先生把这些视为人性的根本弱点，因而强调"要一边不断努力，一边反省'自己做的是否正确'""哪怕再小的事，也要每日三省吾身，并加以改进。"总之，他提倡以实践的方式修身，且必须每日坚持不懈。

二、传统社会哲学的重点批判对象

"讲到这里，大家应该对稻盛先生强调的'思维方式'有所了解了。接下来，我希望大家思考一个问题——传统社会哲学家是否能够接受这种'思维方式'。我已经讲过多次，传统社会哲学家厌恶对于某种特定价值观的推崇，那对于'作为人，何谓正确'的理念，他们会接受吗？"

班上沉默了片刻，一名学生与我目光相对，她一脸慌张，似乎在心中叫道"糟了，被老师盯上了"，但我还是"毫不留情"

地叫她发言。

"我猜，不管是多么好的价值观，一旦把它作为推崇的对象，那些传统社会哲学家还是不会接受的吧。"

"很好，这样的推理非常合乎逻辑。我起初也这么认为，且深信不疑。比如十字军东征，原本是提倡和平安定的宗教，居然成了残酷暴行的幌子。而纵观当今世界，以宗教和神灵为名义的恐怖袭击事件不断发生，可谓惨绝人寰。恐怖分子打着'圣战'的旗号，最终导致那些宣扬特定价值观的组织沦为不受控的恐怖集团。正因为如此，传统社会哲学家反对宣扬某种特定的价值观，并对这样的行为心存警惕。

"可在拜读稻盛先生的著作后，我开始认识到，他所提倡的'好的思维方式'十分独特，其与传统社会哲学所批判和敌视的价值观完全不同。换言之，传统社会哲学家并非敌视所有价值观。正相反，诸如自由、平等、公正等，不就是他们自己一直倡导的价值观吗？

"一旦想通了这点，就必须思考另一个问题——传统社会哲学家究竟厌恶何种价值观呢？只要弄清这点，刚才提到的'接不接受'的问题也就迎刃而解了。"接着，我阐明了自己的观点。

"传统社会哲学家究竟反对什么呢？在我看来，其可以归结为'制造对立、使自身立场和行为正当化的价值观集群'。历史上的宗教对立也好，如今的思想冲突也好，虽然表象各式各样，但其本质相同。即一方自称'正义正统'，并将另一方（或其他所有人）贴上'异端异类'的标签。之所以设置'异端'这种对立性的概念，并将自身定义为'正统'，其目的显而易见——为了团结和壮大自己的力量。

"而稻盛先生所倡导的'好的思维方式'则不同，其既不包含二元对立的概念，也不掺杂强调'自身正统'的价值观，而是一种反对思想专制、警惕思想冲突的理念。比如，'以宗教的名义（或者以民族的名义）屠戮生灵，作为人，这是正确的行为吗'；又比如，'从一开始就否定其他人的思维方式，作为人，这是正确的行为吗'；稻盛先生通过这样的自问自省，悟到了自我完善的大智慧。所以说，稻盛先生提倡的'好的思维方式'，与传统社会哲学家一直批判的价值观完全不同。"

说到这里，她们发出了阵阵感叹——"这样啊！""原来如此！"……这样的反应让我感到欣慰，于是我接着讲道："其实，在我看来，传统社会哲学家反而应该是最支持稻盛哲学的群体。因为传统社会哲学对于价值观的态度，与稻盛哲学中的'好的思维方式'如出一辙。换言之，前者之所以不推崇某种特定的价值观，是因为害怕人们陷入'视自身为正统'的思想专制陷阱。

"比如前面提到过的经济哲学家弗里德里希·海耶克，作为知名的自由至上主义者，他强调'个体的价值观存在局限性，因此不应将自身的价值观强加于人'，并提倡'谦虚的美德'。换言之，他认为，即便思维方式不同，也应该做到求同存异，这才是理想的状态。由此可知，自由至上主义（新自由主义）之所以将'思维方式'从方程式中去除，其实是为了让人们理解谦虚的重要性。

"这点至关重要，所以我再强调一遍。自由至上主义也好，社会自由主义也好，为了不让人们陷入思想专制的陷阱，为了不让人们忘却谦虚的美德，因此故意不推崇某种特定的'思维方式'。避免思想专制、保持谦虚美德，这便是其初衷。可传统社会哲学家似乎认为这是不言自明的道理，因此并未阐明这一初衷，而只是暗自期待人们能自行理解。

"可结果又如何呢？纵观当今社会，是否像传统社会哲学家所期待的那样呢？人们彼此兼容并包的谦虚美德是否普及了呢？"我问道。

我担心她们又沉默不语，于是决定点名。我指着坐在后排的一名学生，请她发表意见。她说道："对于如今的社会状况，我不太清楚。但我认为，您说的那种谦虚的人并没有多起来。"

我又问了坐在她旁边的学生，回答也类似——"以前的情况我不太清楚，但现在自私自利的人似乎多了起来。"

"回答得很好。至于谦虚的人是多了还是少了，说实话，在没经过实际调查研究的情况下，我也不敢妄下结论，但就如大家所言，如今有不少人听不进别人的意见，他们的口号是'别人没资格对我品头论足''凭什么教育我''我的人生我做主'……刚才讲到，传统社会哲学之所以反对推崇某种价值观，其初衷是为了让人们兼容并包、虚心听取他人意见。可结果适得其反，人们逐渐变得刚愎自用。

"按照这样的推理，倘若传统社会哲学家依然没有放弃初心，那么他们就更应该成为稻盛哲学的支持者，更应该赞同'实践好的思维方式'。"

三、计算工作结果的方程式是否放之四海而皆准

在第二章节和第三章节，我阐述了传统社会哲学的"方程式"，大家应该记得，当时我还注明了"前提条件"。

在自由至上主义的方程式中，注明的前提条件是：①国家或政府只征收维持国防和治安等社会机能的最低税额；②国家或政府必须彻底消除妨碍自由竞争的各种因素。而在社会自由主义的方程式中，注明的前提条件是：①国家或政府必须根据

个人所得与财富的不同，采用不同的税率；②国家或政府必须提供劳动机会、教育机会和福利救济；③国家或政府必须通过完善相关法令来保障社会平等。反观稻盛哲学中的"计算工作结果的方程式"，则没有任何前提条件。

稻盛先生既不反对市场经济的自由竞争，也不轻视国家和政府的调控功能。正相反，他提倡尊重两者所发挥的作用。但在稻盛哲学中，"靠市场还是靠政府"之类的问题属于旁枝末节。我之所以敢如此断言，是因为他总是从自身所处的环境出发，致力于探索如何因地制宜地解决问题。

因此，在向她们讲解该方程式时，我故意先不添加任何前提条件，而只是介绍方程式本身，并问她们"这个方程式有说服力吗""这个方程式能概括工作结果吗"。此外，我也强调了该方程式中变量的范围——"热情"和"能力"数值范围为 1 ~ 10，而"思维方式"则为 -10 ~ +10。

对于该方程式，她们没有异议，纷纷表示"它能够概括现实情况""它具有说服力"，但正所谓"真理越辩越明"，因此，我故意向她们介绍我在商学院讲课时的经历。

"我曾在关西的一所商学院任教，负责的课目是企业伦理。和现在一样，我当时在课堂上也讲到了稻盛先生的'计算工作结果的方程式'，并询问学生们的看法。当时有一位留学生，姑且叫他 A 同学吧！他举手发言道：'在我的国家，这个方程式是不适用的。如果把公式改成运气 × 金钱，那还差不多。'可能是受到了 A 同学的启发，与他来自同一个国家的 B 同学也发表了意见——'如果要结合我们国家的国情，我觉得改成人脉 × 金钱更为贴切。'他们居然如此直言不讳，我起初简直不敢相信自己的耳朵，但后来一想，他们的意见都是发自内心的，正所谓'话糙理不糙'。"

为了让她们能以更广阔的视角认识这个问题，我讲述了发生在非洲卢旺达的种族大屠杀事件。

"卢旺达是位于非洲中部的一个内陆国家，在很长的一段历史时期内，它都是比利时的殖民地。在殖民统治期间，比利时当局按照'鼻梁高度'等外貌特征，把卢旺达人划分为图西族和胡图族，并优待图西族，给予其统治胡图族的权力。比利时人之所以这么做，是基于'拉一派、打一派'的统治手段，可结果导致胡图族对图西族的不满情绪持续升级。"二战"后，在非洲各国独立的大潮中，卢旺达也在 1962 年宣布独立，但胡图族对图西族的冤仇和嫉恨并未冰消雪融。终于，在 1994 年 4 月，两者之间的矛盾激化到极点，爆发了惨绝人寰的种族大屠杀。

"当时，激进的胡图族人使用斧头等凶器，在短短 3 个月的时间内，就杀害了大约 80 万人。受害者既包括图西族人，也包括主张和平的胡图族人。仅仅因为民族不同或政见不同，他们就大开杀戒，甚至连邻居和同事都不放过。换言之，只要是图西族人，或者是反对暴力行为的温和派胡图族人，就会成为刀下鬼。

"按照方程式的理论，不少惨遭杀害的胡图族人都具备'好的思维方式'，至少在'是否应该使用暴力'这个问题上，温和派的胡图族人试图实践'好的思维方式'，可谓具备良知的好市民，可'好的思维方式'不但没有拯救他们，反而让他们死于非命。

"请大家思考一下。留学生 A 同学和 B 同学说了，在他们的祖国，工作结果取决于'人脉 × 金钱'，只要和掌握权力的官员有交情，或者向其行贿，就能在商战中胜出。再看卢旺达的种族大屠杀事件，在卢旺达爱国阵线控制局势之前的 3 个月内，如果想让自己和家人活命，作为图西族人，就只能隐藏自己的身份；作为胡图族人，就只能加入屠杀的行列；别无他法。

"换言之，在那种生死存亡的情况下，为了活命，哪里还顾得上什么'好的思维方式'。讲到这里，我再问大家，对于稻盛先生的'计算工作结果的方程式'，你们怎么看？"

这两个惊人的事例似乎影响了她们的看法，不少学生开始"倒戈"——"计算工作结果的方程式果然还是存在局限性。""总算明白了，原来这个方程式只适用于一些特定情况。"……

四、社会的实际状况与理想状况

"可之前大家不是说'这个方程式能够概括现实情况'吗？为何现在又变卦了呢？能说明一下理由吗？"

这个问题其实也很难，欣慰的是，居然有一名学生主动举手发言，她说道："当时之所以这么认为，可能是因为只联想到了自己周围的人。"

我接着问她旁边的学生，其回答也类似——"当时是照着日本的生活环境来思考的，没有想到卢旺达那样的地方。"

"原来如此。换言之，大家一开始在下意识里联想到了自身所处的人际关系和社会环境，所以才会认为该方程式具有普世性，对吧。由此可以得出一个推论——对各位而言，日本社会是较为和谐宜居的社会。当然，也有不少日本民众对现状不满，但在座的各位对现状还算满意。大家对此没有异议吧。

"我之所以故意这样扯远话题，是为了让大家明确一个前提——该方程式的作用并非概括现实的社会情况，而是描述理想的社会形态。大家之所以说'该方程式存在局限性，'该方程式只适用于一些特定情况'，其实是误解了它的本质作用。我前面讲过，社会哲学是研究社会理想形态的理论体系，即'人们所期望的社会状况'。因此，作为稻盛哲学的精髓，该方程式阐明了'何为理想社会'。

"再讲一遍，不同社会的实际状况各不相同，'计算工作结果的方程式'并不是用来精确概括社会实际状况的工具，而是指明道路的一盏明灯，不管何种社会形态，对于其发展的大方向和理想形态，大部分人的观点都是一致的。

"至于为何大部分人的观点一致，道理很简单。假设决定结果的变量是'人脉 × 金钱'或'血统 × 种族'，不管在哪个文化圈、哪个地区，绝大多数人都不会表示欢迎。虽然在现实中存在以'人脉 × 金钱'或'血统 × 种族'来决定工作结果和个人命运的社会，但大多数人并不会视其为理想的社会形态。设想一下，不管个体具备多么高的能力和热情，拥有多么好的思维方式，如果不靠行贿和人脉，就无法取得成功，这种社会，能称其为理想社会吗？即便不披上无知之幕，答案也显而易见。正是因为明确了这个道理，从年轻时起，稻盛先生就一直努力阐释该方程式的意义。"

讲到这里，一名较为活跃的学生举手提问道："老师，您说'即便不披上无知之幕，答案也显而易见'，但我有点不太明白。依靠'人脉 × 金钱'或'血统 × 种族'的社会，为什么就不理想呢？所谓存在即合理，那些国家和文化圈的人既然创造了那样的社会，对他们而言，那难道不就是理想的社会吗？"

五、理想社会的优势所在

"这个问题非常好。这位同学提到了'存在即合理'，民众既然创造出了那样的社会，那对他们而言，不就是理想的吗？但我对此不敢苟同，原因如下。

"简单来说，因为这样的社会并非民众所创造，而是当权者（既得利益者）基于私心而创造出的特定社会形态。换言之，依靠'人脉 × 金钱'或'血统 × 种族'的社会不但无法实现自由、正义和富足，反而与这些普适价值渐行渐远，下面我会通过例子来详细说明。

"让我们想一想那些没有财力行贿的人，一般来说，社会的多数派并不具备这样的经济能力，因此他们绝对不会支持'人脉 × 金钱'这样的方程式。大家对此没有异议吧。"我扫视了一圈，从她们的表情来看，大部分学生对此都表示赞同。

"以中国为例，1% 的富人（富裕家庭）拥有全国 1/3 的财产，而占总人口 25% 的穷人却只拥有全国 1% 的财产。基尼系数是衡量社会贫富差距的重要指数，其数值范围为 0 ~ 1，贫富差距越大，其数值就越大。美国社会通常被认为是贫富差距较大的社会，其基尼系数为 0.39。一般来说，0.40 是警戒线，一旦超过 0.40，社会就容易出现动荡不安等情况，因此美国社会处于警戒线附近。而中国呢？其基尼系数达 0.46（2016 年），是不是很惊人？"

她们似乎对贫富差距问题较为关心，当我讲到中国的基尼系数时，班上学生个个瞠目结舌。后来我才知道，她们中间有不少人立志加入非政府性质的国际人道主义组织。

"倘若贫富差距是由于个体的能力、热情和思维方式导致的，那或许还能接受，可根据北京大学的调研结果，造成中国社会贫富差距的最大原因竟然是政治体制。一些人通过贿赂机关干部和国企领导来扩展人脉、生成裙带关系；一些党员干部则利用职务之便收受贿赂；这样的权钱交易造就了中国的富裕阶层。

"请大家想一想，中国的平民百姓会支持这种'人脉 × 金钱'的方程式吗？当然不可能。在广大民众看来，他们正是这种体制的牺牲品。

"更令人咂舌的是，即便是从这种'人脉 × 金钱'的体制中获利的人们，似乎也明白其是不合理的、难以为继的。之所以敢这么说，是因为他们一直在向国外转移资产。

"位于美国华盛顿的全球金融诚信组织（GFI，Global

Financial Integrity）的调查结果显示，在过去的 10 年间（2002～2011），从中国外流的非法资金数额非常严重，其总额高达 110 兆日元，大大超过了日本的年度财政预算。这么多的钱从中国转移至海外，对我们日本人而言，很难相信这是现实世界中发生的事情。

"换言之，'人脉 × 金钱'这一方程式的受益者们虽然一直好处不断，但他们依然如履薄冰，害怕财产留在国内会被追查，担心非法所得会被没收，因此才不停地把资产非法转移到国外。

"如今，中国的习近平主席高瞻远瞩，认识到了腐败问题的严重性，倘若继续对党内和国家机关的腐败问题置之不理，中国共产党就会前途堪忧，因此在习主席领导下，全国开展了彻彻底底的反腐行动，检举揭发和严肃处理了一大批腐败分子。有的媒体把其曲解为'党内的派系斗争'，但在我看来，反腐是大势所趋。如今的中国，'人脉 × 金钱'的方程式正在渐渐失效，这是人心所向，因为该方程式并非大多数人的理想。"

讲到这里，刚才那名举手提问的学生也露出了赞同的表情。

"至于'血统 × 种族'，道理其实类似。对部分狭隘的民族主义者而言，排挤和残杀敌对民族或许是理想的社会形态，但被害方肯定不会期待或支持这种社会形态。如果能够冷静思考，就能明白，这种社会形态对加害方同样不利。道理很简单，你排挤和残杀别人，别人总有一天也会报复你。

"刚才讲到的卢旺达种族大屠杀事件亦是如此，这种民族对立情绪后来还蔓延到了邻国，包括刚果民主共和国的东部地区。直到现在，报复性袭击事件依然不断发生，使包括卢旺达在内的数个国家深陷泥潭，成为全世界人权问题最严重的暴力事件多发地区。一些当地居民恐怕仍然对血统不同的'异族'心怀仇恨，但如果问他们'这样的生活状态是否理想'，答案必然是否定的。"

讲到这里，结论已经很清楚了。在一些社会和文化圈中，稻盛先生的"计算工作结果的方程式"的确不成立，但那些社会和文化圈中的大多数人依然憧憬稻盛先生所描绘的社会形态。不仅如此，一个社会越是不公平，一个国家越是民族对立，生活在其中的人就越是厌恶现实中的"扭曲方程式"，而希求稻盛先生的"理想方程式"。鉴于此，我认为稻盛哲学中的方程式是具有普世性的，是放之四海而皆准的。

所以说，稻盛先生所提倡的"好的思维方式"与传统社会哲学并不冲突，但"不冲突"并不能成为稻盛哲学广受赞誉的理由。该思想体系为何能获得人们的赞同（尤其是跨越东西方文化圈的一致赞同），究其原因，其"正义原理"功不可没。

第八章

何为稻盛哲学中的『正义』

对于社会价值的分配结构，稻盛先生并没有做系统化的说明。而前面提到的罗尔斯则拥有一套方法论和推导手段，通过研究"应如何在社会中分配所得和财富"，他得出了"社会正义"原理，而稻盛哲学中并没有完全对应的理论体系。即便如此，凭借计算工作结果的方程式和一系列理论前提，我们依然能够描绘出稻盛先生心中"正义原理"的大致轮廓。

至于使用何种方法论和推导手段，则是一个难题。而在我看来，大可不必冥思苦想什么全新的方法论，只要沿用罗尔斯的即可，或者说应该沿用罗尔斯的既有工具。原因很简单，既然想让深受传统社会哲学影响的西方世界理解稻盛哲学，那沿用其经典的方法论自然更有说服力。当然，罗尔斯的理论也存在瑕疵，但用来解释稻盛哲学中的"正义原则"则是没有问题的。

一、稻盛哲学与罗尔斯正义论的不同之处

"我已经在前面介绍过罗尔斯的理论，而稻盛先生则另辟蹊径，开创出了全新的正义原则。在我看来，这是水到渠成的，他既没有借鉴前人的体系，也没有必要借鉴前人的体系。接下

来，请大家推测一下，这种独特的原理原则会是怎样的呢？这个任务可能比较困难，但还是希望大家群策群力、积极参与。我相信，大家即便不能推导出严密的结论，至少也可以描绘出大致的轮廓。"

接着，我便和她们一起探究稻盛哲学中的正义原则。首先要确认其与罗尔斯理论的共通部分。

"一般来说，讲到'正义原则'，其内涵往往是'与分配相关的正义原理'。因此，我们要将'有关个体才能和资质的分配'作为突破口，看看稻盛先生对此有何观点。

"大家是否还记得，罗尔斯把个体的才能和资质视为'偶然的产物'。正因为如此，在他看来，在社会中，个体才能和资质的派生物（所得和财富）应该被公平分配。那么，稻盛先生又是如何看待这一问题的呢？我先读一段他书里的话，然后请大家分享感受。"说罢，我便拿起稻盛先生的著作，开始朗读。

"在我看来，一部分人的确天赋异禀。有的天生拥有艺术才能，有的生来擅长运动项目"；"我认为，倘若一个人受到上苍眷顾，拥有超越常人的才能，就应该积极利用相应的才能，为世界、为社会、为集体做贡献，而绝不该只用于谋取私利。比如，有的人天生具备领导才能，就必须履行领导的职责和义务。有才之人应虚怀若谷，切不可恃才傲物、桀骜不驯"。

"对于稻盛先生的理念，大家有什么感想吗？"我问道。于是她们纷纷发言——"在社会中，个体的才能是偶然的产物。""有的人受上天眷顾，因此才能卓著。""稻盛先生的观点和罗尔斯一样嘛。"……

　　"大家说得没错，我完全同意。正因为如此，稻盛先生觉得那些'幸运儿'不仅要把才能为自己所用，还应该把才能为社会所用。"

　　讲清了两者的共通部分后，我开始阐释两者的不同之处。

　　"虽说两者有上述共通之处，但它们之间存在巨大差异。这种差异，犹如难以跨越的鸿沟。接下来的内容可能有点晦涩难懂，请大家仔细听讲。要想推导出正义的原理原则，推导的个体（我们在这里称其为'思想者'）的'先验知识'是关键。换言之，不同的先验知识会推导出不同的结论。因此，两种理论的根本差异，其实是先验知识的差异。

　　"前面已经讲过，罗尔斯发明了'无知之幕'这一工具，以'披上无知之幕'的个体为视角，探究正义原理。在无知之幕下，任何思想者都不知道自己与他人有何区别。但有一点之前没讲到，在这里请大家注意——无知之幕虽然切断了部分信息，但并没有让个体处于完全的蒙昧状态。

　　"按照罗尔斯的理论，个体即便披上无知之幕，也依然拥有

那么，她们究竟推导出了怎样的正义原理呢？要想完成这个任务，接下来是关键。我先引出了一个问题。

"请大家回想一下稻盛先生的'计算工作结果的方程式'，简单来说，这个方程式计算的是'怎样才能获得更多的物质资料'。而从该方程式可知，只要以好的思维方式认真努力（充满热情），即便能力不高，个体依然能够获得较多的物质资料。

"讲到这里，我想问大家一个问题，如果个体将'好的思维方式'付诸实践，其影响是否局限于自身的物质资料呢？还是说会影响到他人的物质资料呢？"

对此，一名学生答道："我觉得会影响到其他人。"

"你为什么这样想呢？"结果她答道："因为稻盛先生说'作为人，何谓正确；作为企业，何谓正确'，在这样的不断自省下，其所作所为势必会影响到其他人。"

"非常好。由于在行动时考虑到了与他人和社会的关系，因此势必会影响到他人。但我需要再明确一下，我刚才问的是'物质资料'，而非所有方面的影响。换言之，是所得和财富的增减。"

确定了范围后，我又问了一遍，结果她们的回答依然是肯定的。

"好，我已经了解了大家的想法。那么，究竟哪些行为会'影响到他人的物质资料'呢？大家能举出一些具体的例子吗？""尤其是那些将'好的思维方式'付诸实践的人，他们是如何行动？又是如何影响到他人的呢？"我抓住机会，抛出了这些问题。

对高中生而言，这样的问题或许是难了点，但经过认真思考后，她们列举出了三种行为，我把它们写在了黑板上。

①个体在获得大量所得和财富后，应该反哺集体和社会。

②个体一旦在企业内身居高位，就不该提出过分的薪资要求，而应做到自我节制。

③不偷税漏税。

"很好，大家所举的例子不但简单明了，而且一针见血。倘若要将其分类的话，则可以分为两大类。"说罢，我又在黑板上写下了"积极行为"和"消极行为"，并注明了上述行为分别属于哪一类。当然，影响他人的行为并不只限于上述三种，因此我还在两类行为中分别加了一句，即"其他积极行为"和"不参与其他违反法律和钻法律空子的活动"。

1）积极行为
①将自身努力的成果反哺社会
②对于个人所得，做到自我节制
　其他积极行为
2）消极行为
③不支持偷税漏税等违法行为
　不参与其他违反法律和钻法律空子的活动

影响所得和财富的具体行为

四、与积极行为相关的原理

我先介绍这样的分类方法，然后提出了一个与积极行为相关的问题——"（a）将努力成果反哺社会，对个人所得采取节制的态度，大家觉得这是所有人都必须履行的吗？"

我又给了她们时间思考，然后她们纷纷发言，其意见大致如下：

"对于没什么收入的人来说，恐怕难以做到。"

"我觉得身居高位的人应该以身作则、积极履行。"

"我觉得社会上的既得利益者应该做出表率、切实履行。"

"我觉得应该先从小事做起、从身边做起。"

"我觉得应该量力而行。"

"如果不量力而行，可能会给家人、朋友和同事造成困扰。"

"即便能力微薄，但只要是基于善意的捐赠或帮助，依然能够建立良好的关系。"

如上所述，她们的意见五花八门，但都可以归纳为"量力而行"，即根据自身能力、财富和地位的差别，按比例自主调整积极行为的程度。换言之，个体的所得和财富越多，其影响他人和集体的力量就越大，在待人处世时，其所肩负的责任也越重。

倾听了她们的发言后，我表示赞同，但上述意见基于何种理由呢？为了让她们弄清这点，我又提出了一个问题——"（b）作为上述反哺和自制行为的受益方（接受者），是否应该把其作为理所当然的权利呢？"

她们没有立即回答，但在一阵沉默之后，最前排的一名学生举手发言道："我认为不应该。"

"你为什么这么想呢？"结果她答道："如果（接受者）把这看成理所当然的权利，那么就会伤害到施予者的感情。"

我又问坐在她后面的同学，结果其回答也大同小异。"我认为，不管是提供帮助的，还是接受帮助的，都应该感到愉悦，这是最理想的状态。假如接受帮助的一方把其视为天经地义的

五、与消极行为相关的原理

讲了积极行为，那么消极行为呢？我先对她们提问道："（a）诸如偷税漏税等钻法律空子的行为是要不得的，这是人人都懂的道理。请大家想一想，哪些人尤其应该注意这点呢？哪些人尤其需要自我约束呢？"

对此，她们的回答不出所料——"越是身居高位的人，越应该注意。"

她们的理由也大同小异——"地位越高的人，越容易受诱惑""一旦作恶，其地位越高，对社会的负面影响就越大"……

她们的发言居然如此到位，这让我感到佩服，我说道："大家对社会的洞察力很强嘛！那么我再问一个问题，不偷税漏税只是身居高位之人和大型企业的责任吗？"

对此，不少学生异口同声地表示否定，她们认为"这是每个人应尽的义务""这是基本原则""这是社会成员的常识""作为集体中的一分子，这是理所当然的义务""如果连这点都做不到，就无法被其他社会成员所接纳"……从她们的发言可以看出，在思考问题时，她们始终非常重视"人与人的关系""人与社会的关系"。

"刚才介绍了'与积极行为相关的正义原理'，同理，也存在'与消极行为相关的正义原理'。刚才大家说道，'越是身居高位之人，越是业绩优秀的大型企业，就越应该杜绝偷税漏税等违反法律和钻法律空子的行为'；并且还说道，'不管是谁，都不应该参与违反法律和钻法律空子的活动'。而这两点主张也可以合二为一，这便是'与消极行为相关的正义原理'。"

那么，这第二个原理是否也与稻盛哲学中的"正义原理"相一致呢？在我看来，其同样可以毫无矛盾地归入稻盛哲学的方程式中。

"假设一家企业信奉自由至上主义，把'热情 × 能力'视为行动纲领。不必说，自由至上主义不允许违法违规，但却把各种避税手段视为'值得称赞'的能力发挥。换言之，绞尽脑汁分析现有的法律漏洞，并为谋求利益所用，在自由至上主义者看来，这是一种实践'热情 × 能力'的标杆行为。

"大家又对避税行为怎么看呢？为了便于理解，我先解释一下什么是避税行为。打个比方，为了减少合计纳税额，一些大企业会调整自身的账面利润，如果业务所在国的税率较高，就通过一系列手段和技巧，将利润转移至税率较低的国家或地区。而对于这样的行为，目前还无法明确定性为违法行为。对于企业耍的这种小聪明，大家怎么看呢？"

结果，不少学生答道："（企业）不该这么做。"

　　"为什么呢？"我问道。而她们的理由五花八门——"感觉很卑鄙""即便税率高，可既然在当地做生意，就理应在当地纳税啊""在哪里卖东西，就在哪里交税，这是常理吧""为了避税，居然在八竿子打不着的地方纳税，真是人品低下的企业"……

　　"大家说得好，我很感动。"我只是这样夸奖她们，而暂时不道破她们意见的根源——稻盛哲学中的"先验知识"（纳税者与社会的关系）。显然，她们拥有这样的先验知识。换言之，在思考有关避税的问题时，她们自觉地披上了"无知之幕"。可见，她们的确是思想者的不二人选。

　　"像星巴克、亚马逊、谷歌和苹果等企业，想必大家都耳熟能详。它们都是业务遍及全球的大公司。而就是这些超有名的企业，一直在通过各种手段进行避税，从而减少公司的合计纳税额，就像我们刚才讲的一样。这些公司的高层也许不认为自己在作恶，也许认为这只是一个降低成本的游戏。为了减少全球市场的整体纳税额，应该在哪个国家或地区纳税，不应该在哪个国家或地区纳税，对此，他们的智囊团可能做过一次又一次的模拟运算，然后采取'最合理的行动'。"

　　"原来这些大公司这么卑鄙啊""和它们自己标榜的形象完全不符""堂堂大企业，居然这么抠门"……她们纷纷表示震惊，教室里顿时炸开了锅。

"大家别激动，倘若只信奉自由至上主义的教条，企业也好，员工也好，自然会基于这样的思维方式行动。既然这么做能够使利益最大化，那就是合理的，可你们却不这么认为。在你们看来，在哪个国家和地区赚了钱，就应该反哺哪个国家和地区，即老实遵守当地制度，并依法纳税。

"具体来说，承蒙当地客户和消费者的厚爱，企业才能获取利润；依靠当地的投资环境和劳动力资源，企业及其员工才有收入。作为回报，企业理应依法纳税，从而反哺当地经济。作为企业，作为人，这才是正确之举，对吧。你们的想法非常好。"

如今，世界上的几个主要大国已经认识到了跨国企业的上述避税行为，并试图采取整治对策，因此成立了诸如 OECD（经济合作与发展组织，简称经合组织）等旨在打击避税行为的国际机构，但其重点都放在国家之间的合作和调整税收政策方面，而并没有像稻盛哲学那样，主张从根本上纠正当事人（企业）的纳税态度。

如果将上述内容进行整理，就能归纳出稻盛哲学中的两大正义原理。从刚才的推导过程可知，只要个体重视"人与人的关系"和"处于关系中的人"，就能八九不离十地推导出与稻盛哲学相似的正义原理。

来说，按照稻盛哲学中"计算工作结果的方程式"，将好的思维方式付诸实践的人会得到更多的物质资料。但按照刚才推导出的"正义原理"，个体应对个人所得采取节制的态度，应将部分个人所得反哺社会，而这样的行为势必会导致个人物质资料的减少。

换言之，上述两大正义原理可能对社会的分配结构造成影响，也可能会导致实践者陷入消极状态。在接下来的最终章节，我将对该矛盾进行分析整理，并阐释稻盛哲学对人生中偶然事件的看法。之所以要将"人生中的偶然"作为重点讲解，是因为它不但是化解上述理论矛盾的关键，而且与"让社会与人生富足"的主题息息相关。

第九章

何为稻盛哲学中的『富足』

稻盛哲学一方面主张将好的思维方式付诸实践，从而使个体获得更多的"物质资料"（工作结果）；另一方面，其又要求个体反哺社会，并对个人所得做到自我节制。假如这便是"分配的正义原理"，那么稻盛哲学的方程式就出现了理论矛盾——一旦将好的思维方式付诸实践，最终反而会使他人的所得和财富增加，而使个体自身的所得和财富减少。在本书的最终章节，我会先着手化解该矛盾。

一、工作结果与人生结果是否一样

在传统社会哲学家看来，个体的努力会在诸如"数年"的短期内获得回报。假如没有回报或回报不充分，便是制度和社会的问题，个体则可以为了追求公平而行使权利。这是我们之前讲过的"第三大理论前提"。

可见，该理论前提由两部分组成——"短期内的回报"和"行使权利"。对于前者，稻盛哲学应该不会否定。因为在赞同并实践"计算工作结果的方程式"的人中，有不少在短期内便获得了相应的回报。

> **人生・工作的结果＝思维方式 × 热情 × 能力**

然而，回报有时候来得并没有这么快。因此稻盛先生还补充道，"要以长期（比如数十年）的眼光来思考和行动"。即便自己的努力在短期内没有获得相应的回报，也不要盲目地责怪他人和行使权利，而应该一步一个脚印地继续埋头苦干，终有一天会获得相应的回报。

为了让她们明确这点，我故意只写下方程式等号的右边部分，然后进行讲解。

"其实，方程式的左边原本并非'工作结果'，而是'人生・工作的结果'。为了让大家便于理解，我之前特意将其简化为'计算工作结果的方程式'。现在，让我们看一下'完整版'，并重新思考。

"可以看到，方程式等号的左边是人生・工作的结果，那么在大家看来，稻盛先生为何要把人生和工作写在一起呢？两者有着怎样的关系呢？"我向她们问道。

对此，一名学生答道："是因为两者意义相同吗？"

另一名学生接着答道："是工作顺利的话，人生也会圆满吗？"

接着，坐在第一排的一名学生发言道："是因为工作和人生的结果相同吗？可这似乎不太符合逻辑。"

第三名学生的发言引起了我的注意。

"很好，大家提出了各种意见，而在我看来，关键在于'结果'二字。刚才有位同学说'如果结果相同的话，感觉不太符合逻辑'，我很赞同。设想一下，人生和工作的结果完全一致，这样的几率可谓微乎其微。

"在我看来，两者虽然有所重合，但绝非相等的关系。也正因为如此，稻盛先生才在方程式中特意注明了'人生·工作的结果'，并且将'人生结果'放在'工作结果'前面。

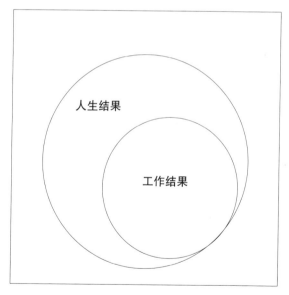

"人生·工作的结果"的相互关系——双重范围

"没有获得相应回报的工作结果，将以人生结果的形式予以回报，这便是稻盛先生的信念。因此他提出了包含工作结果的概念——人生结果，并写在了方程式中。"

如此说明后，我便把两者的相互关系写在了黑板上。如上所述，工作结果包括所得、财富、信赖、赞赏、尊敬等，有时，这些回报并不能在数年内获得。即便如此，个体也不应自暴自弃，而应坚持努力。俗话说"不是不报，时候未到"，在"外圆"的范围内，一切都会获得相应的果报，我把这两个圆称为"双重范围"。

我已经分析了方程式中"结果"的意义所在，至此，本章开头提及的理论矛盾姑且算是解决了——个体反哺社会和自我节制的行为虽然在短期内会导致物质资料的减少，但从长远看，其实是增加的。

看到黑板上的"双重范围"后，学生们纷纷点头赞同，但为了保证严谨，我强调道："不过大家要注意我的措辞——'姑且算是解决了'，说明这只是一种临时的方法论。而要想深刻理解稻盛哲学，就需要涉及更高层次的问题。"

"但为了循序渐进，我先做了刚才的讲解。请大家姑且先记住黑板上的'双重范围'。"

二、使社会富足的两大根据

"大家是否还记得，在稻盛哲学中，'实现富足'是最后的课题。因此，我们有必要思考相关问题，即'稻盛哲学究竟能否带来富足''稻盛哲学是否能使社会富足'。"

在做好铺垫后，我先阐明了结论。

"在我看来，稻盛哲学的确能够实现社会的富足，其根据有二。其一，按照方程式的描述，即便能力低下，只要以好的思维方式满怀热情地努力，依然能获得回报。环顾社会，许多人认为自己没有杰出的能力和才干，而这种思想给了他们争取美好生活的勇气。反之，倘若社会崇尚'唯能力论'，则只有极少数精英才会产生积极性。

"在稻盛哲学的思想体系中，决定人生的关键因素并非能力，而是'思维方式'。不管是谁，只要以好的思维方式投入工作、热爱生活，其前途必然会一片光明。这种价值观能够改变人们对于工作和人生的态度，并大幅提升个体的主观能动性。换言之，要提高能力绝非易事，但思维方式则不同，一旦发愿动念，则一转百转。可见，好的思维方式是人人都能实践的法门。"

讲到这里，她们纷纷点头，有的还不禁发出感叹——"原来如此啊！"我借机又问道："在大家看来，富有积极性的劳动力和缺乏积极性的劳动力，哪一种更能使社会富足呢？"

答案可谓不言自明，但我姑且还是让她们举手发言，结果意见一致——前者能使社会富足。换言之，她们认为稻盛哲学拥有使社会富足的力量。

"很好，看来大家都这么想。这便是第一个根据。接下来，我们要讲第二个根据。为了让大家便于理解，我想举个具体的例子。请大家先在脑子里浮现一家企业，然后想象其中的高管和员工，假设这家企业完全漠视员工人权、劳动安全和环境保护，而这三者原本是任何企业都必须承担的法律责任和社会责任。

"可纵观当今社会，蔑视上述责任的企业数不胜数。此外，许多企业家和公司高管常常忽视这种法律责任和社会责任，而只顾追求眼前利益。比如，以低工资非法雇用 10 到 15 岁的童工，并让他们从事存在安全隐患的工作；制造莫须有的债务，从而逼迫工人劳动；无视环保法，将有毒化学物质排放到附近的江河中……让我们想象一下，如果社会上充斥着这样的企业，并且得不到有效的监管和取缔，这样的社会能够变得富足吗？"

或许这个问题太难，班上居然无人主动发言，于是我只好从前到后逐个点名。

结果，几乎所有的学生都持否定意见，但有一名学生说"可能在经济方面能够变富足"。

"答得好！"我在心中暗暗称赞，然后对她说道："你的思维非常敏锐，那既然你提到了'经济方面的富足'，能对此再具体说明一下吗？"

她答道："即便工业污染严重，国家的整体经济形势却大好，这样的情况应该有吧。"

"很有道理。纵观历史，有不少国家经历过重度工业污染，但却取得了不小的经济发展成果，你的意见可谓一针见血。"点评完她的发言后，我接着讲道，"在我看来，我们应该思考的是'富足'这个词的含义。如果把GDP（国内生产总值）等经济指标作为'富足'的标志，那么即便漠视法律责任和社会责任，也可以创造出一个'经济富足的社会'。但我想问大家，一个连儿童人权都得不到保障、自然环境被恣意破坏的社会，能够持续享受所谓的'富足'吗？有资格被称为'富足的社会'吗？"

对于我的提问，她们的措辞各不相同，但意见是一致的——"这并非'真正的富足'。"

"很好，大家刚才提到了'真正的富足'，那能讲讲具体含义吗？什么又是真正的富足呢？"

班上陷入一阵沉默，好在刚才那名思维敏锐的学生又举手了，她说道："我认为，'可持续的富足'就是'真正的富足'。"

　　"说得太好了！倘若无法持续，便不能称其为'真正的富足'。同学们，那我们就以这样的定义来重新理解何为'富足'，而按照该定义，稻盛哲学便是一种能够真正给社会带来富足的智慧结晶。原因很简单，如果个人和企业都能行正确之事，则势必有助于实现可持续的富足。"

　　她们似乎理解了我的意思，但为了让她们具备全面且系统的认识，我又不厌其烦地对上述内容进行了归纳整理。

　　"在进入下一个小节之前，我再梳理一下刚才讲的内容。我们已经知道，社会哲学研究的课题是如何实现'自由''公正'和'富足'。鉴于此，我和大家一起推理了稻盛哲学是如何实现'富足'的，并得出了两大根据。其一，稻盛哲学（尤其是该方程式）能够提升个体的主观能动性；其二，该方程式能够转变个人和企业的思想意识，从而促其行正确之事，比如尊重员工人权、保障劳动安全、重视环境保护等。"

三、偶然因素的干扰和可持续的富足

　　"至此，我们已经搞清了稻盛哲学能够实现社会富足的两大根据，那么接下来就必须思考另一个问题——即便个人坚持将'好的思维方式'付诸实践，即便企业坚持履行法律责任和社会

责任，可在诸如突发灾害、破坏行为和社会恐慌等不可抗力下，不管是个人、企业，还是企业里的高管和员工，都可能在顷刻之间失去一切，我们将其称为'偶然因素的干扰'。

"我已经讲过，从长期来看，实践'好的思维方式'是能够获得相应回报的，但我也提醒过大家，这只是一种临时的方法论。而要想深刻理解稻盛哲学，就需要涉及更高层次的问题。那什么是'更高层次的问题'呢？一是'偶然因素的干扰'，二是'如何看待这种干扰'。"

不仅如此，"偶然因素的干扰"与"可持续的富足"还相互关联，为了让她们便于理解，我试着用例子加以说明。

"请大家设想一下，即便个人和企业按照稻盛哲学的方程式行事，但一股无法抵抗的外部作用力却使个人和企业的努力化为泡影。在现实中，这种情况是存在的。万一碰到这种事情，人们往往会丧失生活的勇气和工作的热情，所谓的主观能动性也会在瞬间跌至谷底。同样，企业在命运的洪流面前，也只能选择承受结果，包括破产。

"具体来说，一家企业明明一直尊重员工人权、保障劳动安全、重视环境保护，在社会上深受赞誉，可却由于突发的不幸事件而濒临倒闭。面对如此残酷的现实，该企业的高管和员工自不必说，就连毫不相干的旁观者恐怕都会在心中嗟叹——'这

样的模范企业居然也会落得如此下场，看来好的思维方式终究是百无一用的。'

"换言之，不少人会由此害怕这种偶然因素的干扰，认为它会使'计算人生·工作结果的方程式'不再成立。一旦这种思潮蔓延，社会又会变成怎样呢？恐怕再也没有企业和个人将'好的思维方式'付诸实践，'可持续的富足'也就无从谈起。大家对此没有异议吧？"

她们纷纷点头表示赞同。由此看来，班上大多数学生的思路还是比较清晰的——一旦质疑该方程式的正确性，社会的富足便无法实现。

但威胁社会富足的情况并不止于此，所谓过犹不及，倘若人们盲目相信"计算人生·工作的结果的方程式"，同样会造成富足的缺失。于是我对她们说道"还有一种相反的情况，大家也必须了解"，然后接着说明。

"假设绝大多数人都认定该方程式能够分毫不差地解释所有现实情况，那社会又会变成怎样呢？我在前面讲过，社会哲学主要研究的并非社会现状，而是理想社会的形态，稻盛哲学的方程式亦是如此。但如果大部分人不明真相，误以为该方程式能够分毫不差地解释一切现实情况，并对偶然因素的干扰视而不见，则社会的整体富足照样无法实现。至于原因，大家能够想到吗？"

这么问可能太过抽象，于是我进一步补充道："假设有人偶然遭遇不幸，而周围的人却对他说'都怪你的思维方式不对''你是咎由自取'，这还能算是一个富足的和谐社会吗？"

这么一来，她们似乎明白了我的意思，于是纷纷发出感慨——"对啊，怎么没想到！""居然会变成这样！"……

我之前已经指出，自由至上主义可能使社会变得"弱肉强食"，导致人们普遍对弱者缺乏同情心。同理，如果对稻盛哲学理解错误，也会走入类似的误区。为了不重蹈覆辙，我强调道："请大家务必铭记于心，稻盛先生之所以提出该方程式，是为了激励自我、展望未来，是一种思考自身'活法'的工具。这既是稻盛哲学的主旨所在，也是'作为人'的正确方法论。"

四、如何看待偶然因素

"前面说过，'可持续的富足'才是'真正的富足'。由此可得，倘若大部分社会成员都心怀满足、安居乐业，该社会便是可持续发展的。反之，倘若人们都贪得无厌，想要更多收入、更多财富，则'可持续的富足'只能是痴人说梦。原因很简单，如果人人都对现状不满，一心想着索取更多，那么社会只会积聚'持续的不满'。

"讲到这里，我们可知，'社会富足与否'与社会成员的心态息息相关。在我看来，个体如何看待自身的境遇、命运和人生，决定了其对于富足的感受。而'偶然因素'则依然是难点，设想一下，一个原本对生活心怀满足的人，却因为突如其来的不幸而跌至人生谷底，对此，稻盛哲学又是如何解释的呢？"

和许多社会自由主义者一样，稻盛先生也把能力视为"分配给个体的偶然因素"，但对于人生中遭遇的偶然事件，却没有做出明确的解释，但这并不意味着他轻视"偶然"，正相反，他把它视为真正左右命运的分歧点。

稻盛先生曾说，人一旦收获成功，往往会认为这样的幸运是"自己努力的成果、打拼的成绩，是理所当然的回报"，于是逐渐遗忘谦虚的美德、忽视一步一个脚印的努力，一边自高自大，一边还贪得无厌，希求更大的成功。反之，一旦遭遇灾难、苦难或困难，则往往会悲叹自己的不幸，不堪痛苦、仇恨社会、嫉妒他人。换言之，幸运也好，不幸也好，都是对人的考验，一旦修行不够，便会因此犯错。

在如此看待"偶然因素"的前提下，稻盛先生进一步指出，"风平浪静的人生根本不存在，而不管苦难还是幸运，都是无法逃避的考验，必须不断实践'好的思维方式'，以谦虚、乐观的心态接受命运"。换言之，即便现实情况与方程式不符，他依然主张按照方程式行事，努力实践"好的思维方式"。那么，他的用意何在呢？

"假如一个人之前一直过着幸福快乐的日子，可却因为突然的变故而坠入不幸的谷底，大家觉得他该怎么做呢？倘若是咎由自取，那还可以深刻反省、改过自新；可如果是诸如天摇地动、惨祸事故等不可抗力呢？受害者要如何接受残酷的命运呢？换言之，即便发生了该方程式无法解释的情况，也依然要努力实践其所倡导的'好的思维方式'吗？"

为了解决该问题，稻盛先生阐明了"偶然因素的干扰"与"基于方程式的实践"的相互关系。他称其为"命运"与"因果报应的法则"。

"'命运'是定数，不以个体的意志而改变；而与其并行的'因果报应的法则'则不同。只要用好该法则，就连原本注定的'命运'都能改变，这就叫'立命'。"

介绍了稻盛先生的上述名言后，我试着对她们提出了一个问题。

"稻盛先生说过，即便遭受不幸，也要乐观面对、积极努力，只有这样，才能改变命运。在他看来，这种'活法'能给个体带来真正的富足。但请大家想一下，对于正在遭受不幸折磨的个体而言，这样的话能起到救赎的作用吗？"

　　我一边问，一边从教室前面踱步到后面，希望有学生主动发言。

　　结果，一名学生答道："因为没有亲身经历过，所以不太好说。"这意见非常中肯，毕竟她们个个是家里人的掌上明珠，每天都过着幸福快乐的生活，对她们而言，我的问题太过遥远。认识到这点后，我接着讲道："假设你们大学毕业后迈入结婚礼堂，并生下了可爱的女儿。作为自己的亲骨肉，你们自然会对其疼爱有加，视其为世上唯一的珍宝，可孩子却在3岁时夭折了。

　　"想象一下，面对如此的不幸，你们能够一下子坦然接受吗？会认为'这是无可奈何的命运'吗？想必不会，你们肯定会痛不欲生，根本无法接受这样的残酷现实。不仅如此，你们还会一次次地责备自己，后悔当初对女儿的照顾不周。这种难以承受的切肤之痛、断肠之悲，最终还会演变为对他人的指责。你们整日以泪洗面，最后甚至会憎恨上苍、诅咒神灵。

　　"所以说，失去最爱的女儿，这种悲痛是难以承受的。即便明白自己应该接受现实、展望未来、继续前行，但实际上却无法做到，原因很简单——这种痛苦，局外人终究无法体会。讲到这里，我再问大家，万一遇到这样的不幸，你们能够视其为'命运'而坦然面对吗？"

教室一片寂静，大家都沉默不语，我只好点名，叫一名坐在最前排的学生发言。

她缓缓地说道："这太痛苦了，我应该无法坦然面对。"

于是我接着讲道："那么，我再问大家一个问题，你们女儿诞生的意义是什么呢？她呱呱落地，陪大家度过了3年时光，然后去了天国。这一切究竟是为了什么呢？"

这个问题沉重且关键，教室里鸦雀无声，她们似乎都在等我给出答案。

"女儿来了又走，难道是为了让父母每天以泪洗面吗？假设孩子的在天之灵看到你们如此悲痛，她会开心快乐吗？

"绝对不会，没有孩子会希望父母陷入不幸。大家没有异议吧。既然如此，你们该做的事情只有一件——哪怕再痛苦，也要保留对女儿的怀念。"

她们面面相觑，似乎不太明白我的意思。

"父母度过幸福的余生，便是保留对女儿的怀念。亲生骨肉的夭折，使父母懂得了何为痛苦、何为关怀、何为真爱。虽然这一过程让人撕心裂肺、眼泪流尽，且时间漫长，但最终却能够让你们懂得如何收获真正的幸福，而这也是走出悲伤、获得救赎的唯一途径。在我看来，稻盛先生所说的'即便遭受不幸，也要乐观面对'就是这个意思。"

讲到这里，她们似乎也明白了稻盛先生的用意——这是转变命运的不二法门，只要坚持付诸实践，人生终将收获富足。但与此同时，我也深刻体会到了"认知"与"经历"的相辅相成，如果没有亲身经历过生离死别，便很难真正体会其中的难处和痛苦。连我亦是如此，更不必说这些女高中生了。那种伤痛，或许只有当事人才懂，而即便走出了悲痛，对孩子的思念也会持续一生。

人生苦痛，又何止丧子之痛。每个人都会因为各种突然的变故而长吁短叹、痛苦挣扎。"不管是幸福还是不幸，都要乐观面对"，这句话正可谓知易行难。也正因为如此，像稻盛先生这种历尽艰辛、排除万难的人物更是值得我们学习的榜样。

五、稻盛先生的人生启示

在前面几个章节中，我以"计算工作结果的方程式"为主线，讲解了一种全新的社会哲学——稻盛哲学。其重点包括"物质资料在社会中的分配方式""为了获取物质资料，个体应如何努力"等。在本书临近结尾部分，我必须强调另一个重点——随着个体不断将该方程式付诸实践，随着时间不断推进，方程式本身对于个体的意义将逐渐淡化。

所谓"意义淡化"，是指"人生·工作结果"不再成为实践的动机。

"目的论"和"义务论"是企业伦理学中的两大理论工具。在判断某种行为是否符合伦理时，学者便会通过这两种工具来做出判断。以"人生·工作的结果"为例，按照目的论，如果某种行为能够促成良性的人生·工作的结果，其行为便符合伦理；而义务论则不关心结果如何，只要符合原理原则，该行为便是值得提倡的。

可见，如果用这两大理论工具来表述，那么所谓"意义淡化"的过程，就是从目的论向义务论升华的过程。虽然这样的境界并非人人都能达到，但一旦达到，其人生（尤其是精神世界）势必会变得更加富足。

在第七章，我讲到了"作为人，何谓正确"的理念，当时强调的是"社会脉络"，即社会关系中的伦理标准。其实，该理念同样适用于目的论——长期的利他行为能够投射诸如宽容、赞许、感谢等正面情感，而在数年乃至数十年后，这种积累会在名为"双重范围"的两个"圆"（人生结果、工作结果）里以某种形式收获果报。简而言之，对他人的付出，终会获得回报，这并非单纯的励志言语，而是真实不虚的计算结果。

可一旦用义务论来解释，其境界就截然不同了——"作为人，何谓正确"会立即升华为"作为不同于植物和动物的个体，作为拥有更为崇高的理性的个体，何谓正确"。前面已经阐述过稻盛哲学中的"自由论"，在稻盛先生看来，摆脱物理法则和生理法则，将自身从欲望和欲求的枷锁中解放出来，以理性的力量决定自己的行动，这才是真正的自由。而这样的自由论正是基于义务论的产物。

但请大家注意，我之所以这么说，并非想强调"义务论优于目的论"，反之，目的论往往是义务论的前提——只有先以目的论为指导方针，努力将"好的思维方式"付诸实践，通过日积月累，才能到达义务论的境界。换言之，两者是循序渐进的先后关系。

稻盛先生在年轻时就坚信该方程式的意义，为了取得工作成果，不断刻苦钻研、努力奋斗，以一颗清澈之心和满腔热情埋头工作，抱着排除万难的信念，拼命研发产品、拓展市场。之后，这样的付出逐渐获得成果，产品也开始受到市场的青睐，在这样的成功基础上，面对事业，他的态度愈发开阔豁达。

起先是"为公司、为员工"，后来这种思想逐渐升华为"为日本、为国民、为社会"。与此同时，他也不再关心"计算人生·工作的结果"这一方程式，而是把实践"好的思维方式"、把"遵照道德和正义"视为喜悦的源泉。这样的思想转变，正是从目的论升华为义务论的典型过程。

六、稻盛先生的人生轨迹

我刚才讲到，只有不断坚持实践"好的思维方式"，才能逐渐到达义务论的境界，但要注意的是，这种境界是人生修行的结果，而其过程是曲折多变的。倘若从一开始就不考虑"计算人生·工作结果的方程式"，而只是不假思索地实践"好的思维方式"，则算不上是真正的修行。为了获得更多的物质资料和精神财富，就要将"好的思维方式"付诸实践；如果碰壁，就要反省和改进自己的思维方式，然后继续向着目标前行。这种"在挫折和进步中成长"的过程，才是真正的修行。

为了感化她们，让她们也能度过精彩纷呈的人生，我向她们讲述稻盛先生的生平故事。

"我认为，人生的道路是曲折反复的，只有坚持到底、努力前行，才能走出一片天地。如果能够乐观面对一切悲喜，则人生会变得愈加富足。每次回顾稻盛先生的人生轨迹，就让我愈发坚信这个道理。

"稻盛先生在13岁时身染结核，小小年纪就体会到了死亡的恐惧。大学毕业后，没能进入理想中的公司，因此变得自暴自弃。当时，他徘徊在鹿儿岛的闹市区，心中愤愤地想：'这个社会穷人翻不了身，到处是不公平和不平等，与这种冷酷无情的社会相比，还是充满江湖义气的黑社会来得美好。既然如此，我干脆加入黑帮得了。'

"他所经历的挫折不止如此，大学毕业后，他进入了一家叫'松风工业'的公司工作。刚入职，他就发现公司的经营状况十分惨淡，甚至连工资都会拖欠。回忆起那段岁月，稻盛先生曾说，'（当时）我在公司里，不管是研发工作还是人际关系，都很不如意。每到黄昏，我都会独自走到宿舍后院的小河边，那里种着一排樱花树。然后我会在河边坐下，哼起名为《故乡》的童谣'；'当时心中有累积的烦恼和苦闷，可我又不知如何排遣，于是只好尽情歌唱，来给自己打气'。

"可见他当时有多么痛苦和寂寞，但即便如此，他也没有以敷衍塞责的态度对待工作，而是坚持积极主动地埋头钻研。到了1958年2月，他离开了松风工业，但他一直以来的工作态度感动了不少同事。其中有8个人更是辞去了工作，毅然决定追随他。

"每次读到那段故事，我都会感动不已。当时，那8个人聚在稻盛先生的房间，一同立下创建京瓷的誓约——'吾等定此血盟，不为私利私欲，但求团结一致，为社会、为世人成就事业。

特此聚合诸位同志，血印为誓'。听到这样的话，大家是否也感受到了创业者的激情澎湃呢？

"但其创业过程并非一帆风顺，当时国内的大企业几乎都瞧不上这个刚起步的小公司，为了获得订单，在 20 世纪 60 年代，稻盛先生毅然决定开拓欧美等海外市场，可遍访客户的结果却是一无所获。据稻盛先生回忆，当时他在异国他乡责备自己'对不起公司和员工'，既无奈嗟叹又心有不甘，还流下了眼泪。

"后来历尽艰辛，公司终于迈上正轨，可命运多舛，1985年，京瓷由于违反日本药事管理法，受到了社会舆论的强烈批判。其初衷是为了拯救患者，可提供的产品却没有相应的许可证，因此受到了停业的行政处分。当时，各大媒体连日报道该事件，京瓷面临创立以来的最大危机。而在这样的飞来横祸面前，作为京瓷领导人物的稻盛先生，他所承受的痛苦是旁人难以想象的，也是难以言尽的。

"同样，还是在 20 世纪 80 年代，稻盛先生做了一件惊天动地的大事——进军之前从未涉足的领域。他先是花了半年时间思考，经历了不断烦恼和反省的心路历程后，他毅然决定成立名为'第二电电'的电信企业。大家现在都有手机，想必也知道各大运营商之间的竞争状况。可在 20 世纪 80 年代之前，日本的电信业是被电电公社（如今的 NTT）一家垄断的。考虑到缺乏竞争的不利因素，日本政府当时开始推进电电公社的民营化，并对民营资本开放了电信领域，可由于电电公社的规模实在太大，导致没有民营企业敢与其对抗。那些企业家们的想法很简单——要和电电公社竞争，简直是螳臂当车。

"就是在这样的唱衰声中，稻盛先生成了头一个进军该领域的民营企业家。倘若投资失败，京瓷将蒙受巨大损失，可谓兹事体大。因此在1983年7月，稻盛先生召开正式会议，向公司的干部们阐释进军电信业的三大社会意义（他在会上称其为'大义'）：一、减少日本民众的话费负担；二、加快信息社会的健康发展；三、由此提升日本的综合国力，从而实现国民生活的富足。他当时慷慨激昂地讲道，'之所以创立第二电电，正是为了这样的大义，只要秉着这样的信念奋斗，势必能够获得回报'。

"在旁人看来，此举犹如蚍蜉撼树，而稻盛先生不但提到了'进军电信业'，还提到了'大义'的概念，因此与会的干部们几乎个个目瞪口呆，被他心中的大格局所震慑。但可以想象，当时肯定有干部持反对意见，认为'进军电信业是有勇无谋之举'。

"尽管如此，第二电电企划（第二电电的前身）项目最终还是获得了京瓷高层的批准，于是京瓷正式对外宣布进军电信业。之后，两家拥有政府背景的联合企业也立即先后跟进。先是以日本道路公团（如今的 NEXCO）为主导的企业集团，后是以国营铁路（如今的 JR）为主导的企业集团。前者以自身的高速公路网为平台，后者以自身的高铁线路为平台，试图通过铺设光纤的方式来开拓电信业务。

"前有作为业界航母的电电公社，后有道路公团旗下的'日本高速通信'和国营铁路旗下的'日本 Telecom'。在这样的夹击之下，稻盛先生创建的第二电电一度被逼到了绝境，真可谓'前有狼，后有虎'。原本第二电电的财力和技术就远远不及电电公社，而两大集团的杀入，更是完全剥夺了第二电电铺设和利用光纤的希望。

"在这样的窘境之中，唱衰第二电电的声音可谓此起彼伏，可稻盛先生却乐观面对，坚持自己心中的'大义'，不断努力奋斗、排除万难。到了 1987 年，第二电电、日本 Telecom 和日本高速通信正式推出长途电话服务。前面讲到，两家大集团掌握着光纤网络平台，可谓拥有绝对的优势。可结果呢？它们却陷入了业绩恶化的泥潭，不得不改变经营策略。与之相对，稻盛先生领导下的第二电电却一路高歌，一直发展到现在。如今，作为日本三大通信运营商之一的 KDDI，其前身便是第二电电（DDI）。"

听到"KDDI"，她们一下子就激动了，开始互相交头接耳起来。

"我之前已经讲过，人生道路是曲折反复的，我们只能坚持到底、不断前行；即便悲喜交加，也唯有乐观面对，才能使人生富足。同学们，听了稻盛先生的事迹后，对此应该没有异议了吧。"为了让她们加深印象，我决定最后再讲一下 JAL 浴火重生的故事。

"2010 年 6 月底，这是 JAL 向日本地方法院提交破产重组计划的截止日期，但稻盛先生却申请将这一期限延至 8 月末。由于各种复杂的原因，破产管理人和企业再生支援机构（Enterprise Turnaround Initiative Corporation）等相关组织反对改变已然公示的截止日期，但稻盛先生力排众议，硬是把期限延长了两个月。对此，不少人认为，连截止日期都无法遵守的他，想要拯救 JAL，简直是天方夜谭。

"那么问题来了，稻盛先生为何要'冒天下之大不韪'，执意延长期限呢？"这个问题似乎勾起了她们的兴趣，班上的发言此起彼伏。

"因为要做的事情太多了吧。"

"因为新问题层出不穷吧。"

"可能当初制订的计划不太现实。"

……

总之，她们的意见五花八门，但由于时间不多，我便直接进行总结了。

　　"我在前面已经讲过，JAL 的重组计划制订了一次又一次。不知大家是否还记得，JAL 的高管们不断把计划推倒重来，相应的目标和数字也是改了又改，可谓'一年一个样'。不仅如此，政府和政党也掺和了进来，于是计划被反反复复地改动。而其根本问题在于，所有计划都未能实现。

　　"至于原因为何，其实很简单——没有明确的责任人。换言之，谁来实施计划，谁为失败负责，一直是含糊不清的。这导致计划的制订者总是一副'事不关己高高挂起'的态度，反正实施者又不是自己。稻盛先生把这样的现象称作'责任的空洞化'，并把其视为 JAL 破产的真正原因。因此，在他看来，倘若不培养领导层强烈的责任意识和执行力，JAL 的重生只能是痴人说梦。前面讲过，他举办了针对 JAL 干部的高管研修会，而这正是他要求延期两个月的原因所在。

　　"同学们，谢谢你们从始至终地认真听讲和积极发言。与稻盛先生的思想和经历相比，我的讲课内容只能说是管中窥豹，但大家应该对他有了大致了解。他一次次地克服困难、排除万难，不断完善自身的哲学思想，坚持将'好的思维方式'付诸实践。对于他的这种坚定信念，相信大家都有了一定程度的认识。

"因此，我希望大家在今后的人生道路中，也能够勇往直前、坚持梦想。当遇到障碍时，不要自暴自弃，而应该回想我在课上所讲的内容、翻开我这节课的课堂笔记，然后问自己'作为人，何谓正确'。只要能做到这点，则必定能够拨云见日。

"此外，我还讲解了稻盛哲学在社会哲学体系中的地位。它既是稻盛先生本人历尽艰辛后所悟到的思想，也是完善传统社会哲学局限部分的宝贵智慧。正因为如此，他的哲学思想蕴含着非常大的意义和潜力，希望大家牢记这点。至此，我的课就结束了。再次衷心感谢大家的畅所欲言和活跃讨论。托大家的福，我也度过了快乐的课堂时光。谢谢！"

后 记

　　在本书结尾，我还想讲一件事，它既是稻盛先生的实践案例，也是值得我们学习的典型，而且，稻盛先生本人是绝对不会亲口道出的。所以，如果像我这样的人不说出来，那么绝大多数人永远无从得知。

　　稻盛先生的许多名言都体现了他的精神境界——"善应具有普遍性，而不会由于个体分别而出现差异。在做事时，不应只关心自身的利益、方便和立场，而应心生让自己和对方都能接受的纯粹动机"；"换言之，需要不断自问，是否做到了'私心了无'，反省自己在推进事业时是否自私自利、是否以自我为中心"；"我坚信，只要动机至善、行事至善，就无须担忧结果，因为必会成功"。也正因为如此，在受托拯救JAL时，他反反复复地问自己，是否做到了"动机至善，私心了无"。

2009 年年末，日本政府和企业再生支援机构委托稻盛先生担任 JAL 会长一职。起初，他以不了解航空运输业为由拒绝了，可政府方面却一再请求，于是他最终同意再度"出山"。当时，他自问道，重建 JAL 的"大义"究竟是什么？经过反复思考，他整理出了如下三点，并发誓不掺杂任何私心。

· 倘若 JAL 无法成功重建，就会对日本经济造成负面影响；

· 保障公司剩余员工的就业岗位；

· 倘若日本国内的航空公司沦为一家独大的局面，市场竞争便会消失，最终会使民众的利益受损。

2010 年 2 月 1 日，稻盛先生正式担任 JAL 的会长。当时有不少舆论对 JAL 的复兴计划持悲观态度，认为被誉为"经营之圣"的稻盛先生会"晚节不保"。但在他本人看来，既然"大义"已定，就无所畏惧。

"只要动机至善、行事至善，就无须担忧结果，因为必会成功。"虽然秉着这样的信念，但在 JAL 的股票重新上市前，各种负能量的噪音一直不断。尤其是 2012 年 8 月的一篇记者文章，更是严重伤害了他的感情。文章的标题是《坐收渔人之利 总额 50 亿日元的未公开发行股！稻盛和夫会长的"野心"——JAL 私有化？》。

文章内容援引 JAL 于 2011 年 3 月 15 日实施的第三者配股

增资（总额 127 亿日元）。当时，京瓷注资了 50 亿日元，同时接收了相应的股份（每股 2000 日元）。文章称，京瓷之所以慷慨注资，是因为料到 JAL 的业绩会大幅改善。当 JAL 重新上市时（2012 年 9 月 19 日），京瓷便赚了个盆满钵满。该文章发表之后，不少政界和经济界人士，以及 JAL 破产前的老股东，甚至许多知识分子都对稻盛先生表示愤慨，并进行了语言批判和攻击。

在我看来，对稻盛先生而言，这恐怕是最大的冤屈。明明年事已高、身体不适，但为了重建 JAL，毅然努力投入工作，可谓呕心沥血、一片冰心。然而社会上的舆论却不分青红皂白地对其诽谤中伤，还贴上了"野心家"的标签。换成别人，必然会怒不可遏，可稻盛先生却只是讲明了个中缘由，既没有争辩，也没有怨恨，更没有以"损害名誉罪"起诉相关杂志社，而只是隐忍持重、默默不语。

很明显，该文章的内容可谓岂有此理，那是因为 JAL 的重建是如此迅速，且不但在短时间内扭亏为盈，而且盈利可观，这不免让一些"凡夫"心生怀疑，认为稻盛先生从头到尾在策划一场"私有化的阴谋"。根据 JAL 当时向日本地方法院提交的破产重组计划，公司 2010 财年（2011 年 3 月期）的经营利润额必须达到 641 亿日元。可结果呢？其业绩大幅超额完成，达到了 1884 亿日元，数值进了一位。

为了维护稻盛先生的名誉，我必须在这里把事情的来龙去脉说个清楚。首先，上述配股增资并非内线交易；其次，参与配股增资的企业原本多达几十家，且增资总额高达 500 亿日元。可由于 2011 年 3 月发生的东日本大地震，所有企业几乎都承受着巨大的现金流压力。因此纷纷退出。

这么说或许不太恰当，但当时的现实情况是，只有 8 家"退无可退"的企业参与了增资。其中，京瓷和作为发行主干事的大和证券是增资的发起方，等于是它们在向其他 6 家企业要钱，因此自己只能多负担一点，于是京瓷才注资了 50 亿日元。

至于其他 6 家参与增资的公司，都是诸如保险公司和旅游公司之类的企业。我曾在行业内规模较大的保险公司担任过要职，所以对一些事情非常了解。对保险公司这样的金融机构而言，航空公司是至关重要的客户。因此当大牌的航空公司要求融资时，原则上是无法拒绝的。而旅游公司亦是如此，考虑到和航空公司长期的合作关系，情况应该也大同小异。就这样，8 家公司一同注资，总算凑到了 127 亿日元。这就是事情的真相。

明明事实如此，可刚才提到的那篇文章却措辞激烈地批判稻盛先生。刚才已经说过，换作一般人，早就怒不可遏了。譬如京瓷的高层和员工，眼见自己的会长名誉受损，势必群情激昂。而在60多年的漫长岁月里与稻盛先生同甘共苦、相濡以沫的朝子夫人或许也会因此流下委屈的泪水。即便如此，稻盛先生本人却一直克己复礼、隐忍以对。在讲完这件事后，我想引用他的另外两段名言。

"在漫长的人生中，大家或许会遭遇逆境、忍受痛苦，越是这种时候，就越要咬紧牙关、满怀诚实地朝着理想而努力。这份努力、诚实和勤奋的精神，终究会感动上苍。""一旦坚信自己是正确的，不管别人如何非难，不管道路多么艰险，我都会朝着顶峰一直攀登。在下定这样的决心后，无论是对自己还是他人，我都会一直严格要求。"

总之，在重建JAL的过程中，稻盛先生受到了莫须有的诽谤中伤，遭到了毫无根据的批判攻击，可谓天大的冤屈，但他没有"说一套，做一套"，而是以实际行动来明示稻盛哲学的意义——即便遇到困难，也要乐观面对，并贯彻好的思维方式。这也正是其哲学思想的精髓所在。换言之，稻盛哲学并非止于理论的思想教条，而是真正能够直击心灵、付诸实践的法门。作为一位坚持实践的哲学家，他曾把人生比喻为航海。下面是他的一段原话，希望各位读者能从中获得共鸣。

"如果把人生比作航海，那么我们每个人等于都在拼命划桨，为的是度过理想的人生。即便如此，船也无法去到很远。若想远航，唯有做好准备，等待海风的助力。

　　"在我看来，一个人磨砺灵魂的修行，与等风来之前的扬帆作业如出一辙。

　　"人生在世，能完全靠一己之力完成的事情并不多，许多事情都需要借助外力。但要想借助外力，自己首先必须扬帆。即清净心境，根除利己之念，努力为别人着想。换言之，就是要培养利他之心。

　　"利欲熏心的心灵就好比是千疮百孔的船帆，不管相助的外力有多强，风只会白白透过船帆，无法使船获得推进力。反之，利他之心就像是一面毫无瑕疵的船帆，一旦风起，必然疾驰。"

　　在本书的最后，我想再次向稻盛先生的思想和实践表示敬意。与此同时，我也希望本书能给希望了解和学习稻盛哲学的有缘人提供一个新的视角。尤其是年轻人，他们是21世纪的新生力量，也是未来社会的主人翁。在此，我衷心期望他们能够感知稻盛哲学（新时代的社会哲学）的意义，并满怀希望和自信，坚实地迈出建设富足社会的第一步。